육필원고·원본대조

윤동주 시 전집

윤동주 지음 / 이복규 엮음

지식과교양

책머리에

　우연한 기회에 윤동주의 이른바 '서시'의 진실을 알아, 윤동주육필원고사진판 ≪하늘과바람과별과詩≫를 최근에 출간하였습니다. 윤동주 시인이 원래 편집해 놓은 작품들만으로 이루어진 시집을 내드리고 싶은 마음 하나로 그리했습니다. '하늘과바람과별과詩'라는 제목 아래 내려고 한 18편에, 작고하기까지 새로 쓴 7편의 시를 더해서 낸 것이지요.

　내친 김에 한 가지 일을 더 벌였습니다. 윤동주 시인이 자기 검열을 하여 배제했던 나머지 작품까지 망라해 묶었습니다. 작품의 완성도나 가치 여부를 떠나, 윤 시인의 내면을 총체적으로 이해하려면 다른 작품도 모두 보아야 하기에 그런 것이지요.

　모두 4부로 구성했습니다. 제1부는 '하늘과바람과별과詩'란 제목 아래 윤 시인이 처음에 내려고 한 18편의 시를 따로 묶되, 육필원고사진판을 전문 실었습니다. 제2부에는 윤 시인이 배제한 82편의 작품을 모았습니다. 제3부에는 윤 시인이 '하늘과바람과별과시' 편집 후 작고하기까지 추가로 쓴 7편의 작품을, 제4부에는 미완성 · 삭제 작품 11편을 실었습니다. 118편 가운데 가장 중요한 25편(원래 윤 시인이 편집한 18편에, 작고하기까지 새로 쓴 7편)에 대해서는, 그 원전의 표기 형태도 함께 실어주어 대조해 가며 읽을 수 있게 했습니다. 부록을 두어, 윤동주의 산문 4편 모두를 함께 실었습니다. 작품 배열 순서는 창작 연월일 순으로 하였습니다. (그런데도 이 책 제목을 '윤동주전집'이라 않고 '윤동주 시 전집'이라고 한 까닭은 윤동주는 시인이고, 시가 중요하다고 보아 그렇게 하였습니다.)

　아무쪼록 이 책이, 전문가나 일반인 모두에게 도움이 되었으면 하는 바람입니다. 책을 내는 데 홍장학 선생님의 원전연구성과들 특히《정본 윤동주 전집》은 큰 힘이었습니다. 선배 학자의 노고에 경의를 표합니다. 아울러, 육필원고 이미지 사용을 허락한 소와다리출판사 김동근 사장님의 호의에도 감사드립니다.

2016년 6월
서경대 한림관 704호에서
이 복 규

차례

책머리에 · 2

제1부 '하늘과바람과별과詩' 제목의 자필시고 수록 시편

(머리말) · 12
자화상 · 16
소년 · 22
눈오는 지도 · 26
돌아와 보는 밤 · · · · · · · · · · · · · · · · · · · 30
병원 · 34
새로운 길 · 40
간판 없는 거리 · · · · · · · · · · · · · · · · · · · 44
태초의 아침 · 52
또 태초의 아침 · · · · · · · · · · · · · · · · · · · 56
새벽이 올 때까지 · · · · · · · · · · · · · · · · · · 60
무서운 시간 · 64
십자가 · 68
바람이 불어 · 74
슬픈 족속 · 78
눈 감고 간다 · 82
또 다른 고향 · 86
길 · 92
별 헤는 밤 · 98

제2부 '하늘과바람과별과詩'에 들지 못한 시편

초 한 대 · 112
삶과 죽음 · 113
내일은 없다 · 114
거리에서 · 115
공상 · 116
꿈은 깨어지고 · · · · · · · · · · · · · · · · · · 117
남쪽 하늘 · 118
조개껍질 · 119
고향 집 · 120
병아리 · 121
오줌싸개 지도 · · · · · · · · · · · · · · · · · · 122
창구멍 · 123
기왓장 내외 · 124
비둘기 · 125
이별 · 126
식권 · 127
모란봉에서 · 128
황혼 · 129
가슴 1 · 130
종달새 · 131

닭 1 · 132
산상(山上) · 133
오후의 구장(球場) · · · · · · · · · · · · · 134
이런 날 · 135
양지쪽 · 136
산림 · 137
가슴 3 · 139
곡간(谷間) · · · · · · · · · · · · · · · · · · · 140
빨래 · 142
빗자루 · 143
해비 · 144
비행기 · 145
가을밤 · 146
굴뚝 · 147
무얼 먹고 사나 · · · · · · · · · · · · · · · 148
봄 1 · 149
개 1 · 150
편지 · 151
버선본 · 152
이불 · 153
사과 · 154
눈 · 155
닭 2 · 156
겨울 · 157

호주머니	158
황혼이 바다가 되어	159
거짓부리	160
둘 다	161
반딧불	162
밤	163
만돌이	164
나무	166
달밤	167
풍경	168
한란계	169
그 여자	171
소낙비	172
비애	173
명상	174
비로봉	175
바다	176
산협의 오후	178
창	179
유언	180
산울림	181
비오는 밤	182
사랑의 전당	183
이적	184

아우의 인상화(印象畵) · 185
코스모스 · 186
고추밭 · 187
햇빛 · 바람 · 188
해바라기 얼굴 · 189
애기의 새벽 · 190
귀뚜라미와 나와 · 191
달같이 · 192
장미 병들어 · 193
투르게네프의 언덕 · 194
산골 물 · 196
팔복 · 197
위로 · 198
못 자는 밤 · 199

제3부 '하늘과바람과별과詩' 편집 후 새로 쓴 시편

간(肝) · 202
참회록 · 204
흰 그림자 · 206
흐르는 거리 · 210
사랑스런 추억 · 212
쉽게 씌어진 시 · 214
봄 2 · 218

제4부 미완성·삭제 시편

창공 · 222
가슴 2 · 223
참새 · 224
아침 · 225
할아버지 · 226
개 2 · 227
장 · 228
울적 · 229
야행 · 230
비 뒤 · 231
어머니 · 232

〈부록〉 윤동주의 산문

달을 쏘다 · 234
별똥 떨어진 데 · 237
화원(花園)에 꽃이 핀다 · · · · · · · · · · · · · · · 241
종시(終始) · 245

〈작품제목 찾아보기〉 · · · · · · · · · · · · · · · 253

제1부

'하늘과바람과별과詩' 제목의
자필시고 수록 시편

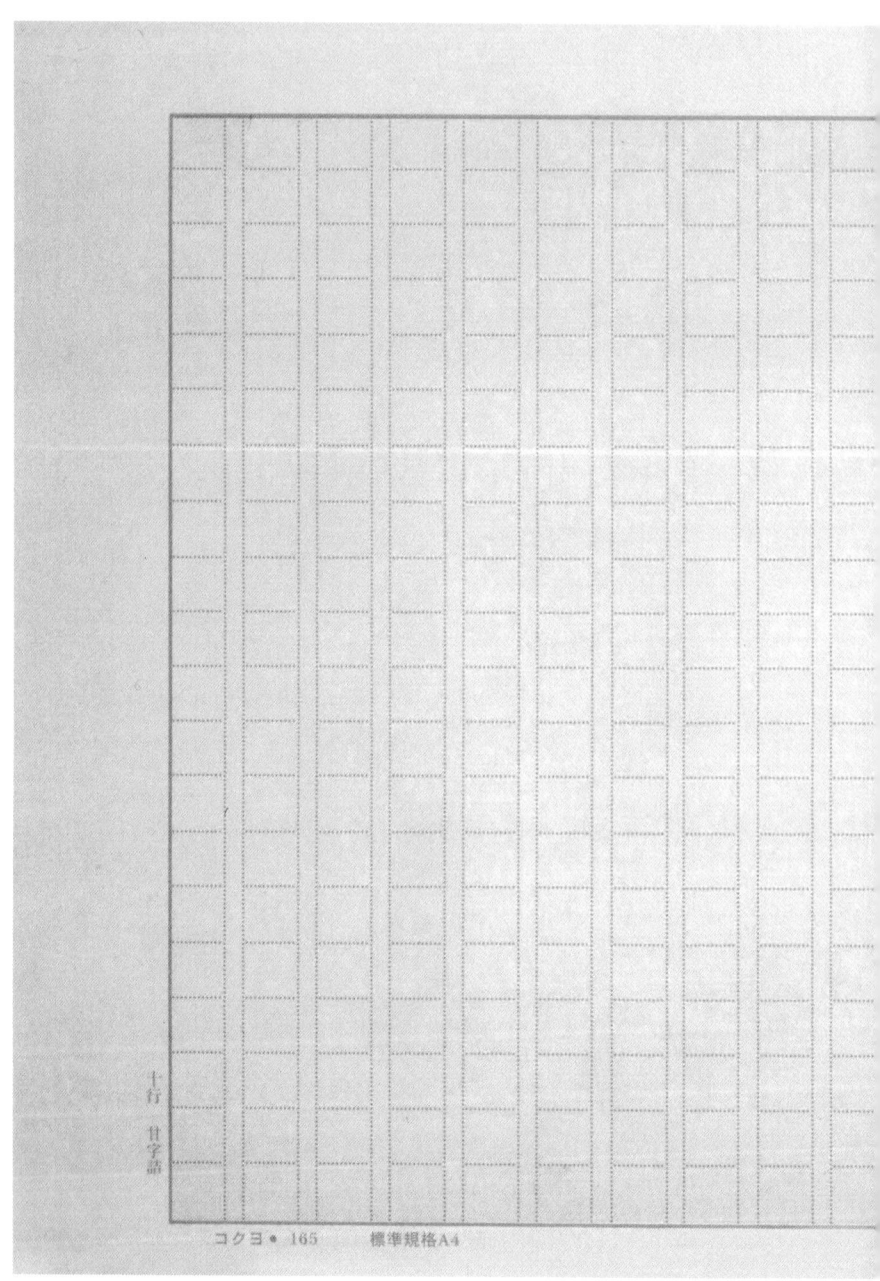

죽는 날까지 하늘을 우르러

한점 부끄럼이 없기를,

잎새에 이는 바람에도

나는 괴로워했다.

별을 노래하는 마음으로

모든 죽어가는 것을 사랑해야지

그리고 나안테 수어진 길을

거러가야겠다.

41, 11, 20,

(머리말)[1]

죽는 날까지 하늘을 우르러
한점 부끄럼이 없기를,
잎새에 이는 바람에도
나는 괴로워했다.
별을 노래하는 마음으로
모든 죽어가는것을 사랑해야지
그리고 나안테 주어진 길을
거러가야겠다.

오늘밤에도 별이 바람에 스치운다.

1941(25세). 11. 20.

---

1) 그 동안 '서시' 또는 '무제'라는 제목의 시로 여겨왔지만, 육필원고를 보면 제목이 없는바, 필자는 '머리말'로 보아야 맞다고 생각해 이렇게 표시함. 머리말을 시 형태로 쓴 사례는 윤동주 외에도 있는데, 머리말이 독립된 시로 인정받거나 본문의 시 작품보다 유명한 일은 아마도 윤동주의 경우가 유일하지 않은가 함. 그 자세한 사정에 대해서는 이복규,「윤동주의 이른바 '서시'의 제목 문제」한국문학논총 61(한국문학회. 2012), 353~385쪽 및 『윤동주육필원고사진판 하늘과바람과별과詩』(지식과교양, 2016) '엮은이의 말' 참고.

(머리말)

죽는 날까지 하늘을 우러러
한 점 부끄럼이 없기를,
잎새에 이는 바람에도
나는 괴로워했다.
별을 노래하는 마음으로
모든 죽어가는 것을 사랑해야지
그리고 나한테 주어진 길을
걸어가야겠다.

오늘 밤에도 별이 바람에 스치운다.

1941(25세). 11. 20.

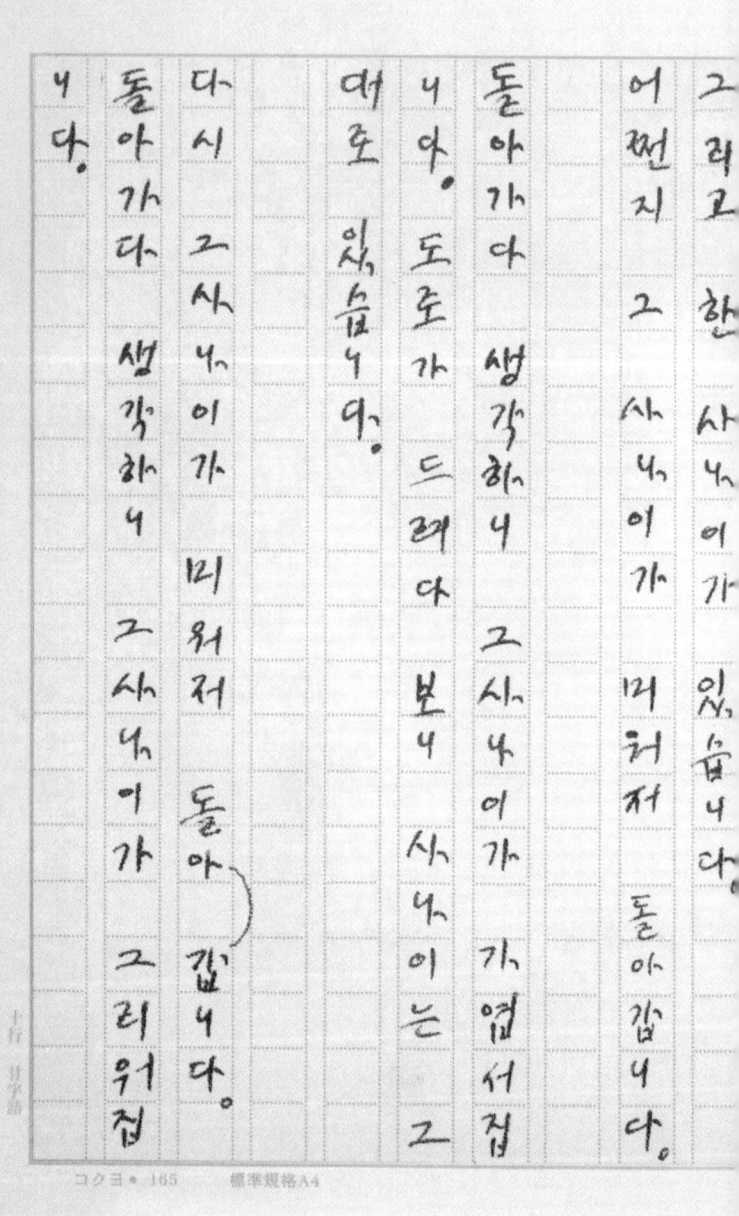

自画像

산모퉁이를 돌아 논가 외딴 우물을 홀로 찾어가선 가만히 드려다 봅니다.

우물속에는 달이 밝고 구름이 흐르고 하늘이 펼치고 파아란 바람이 불고 가을이 있습니다.

제1부 '하늘과바람과별과詩' 제목의 자필시고 수록 시편

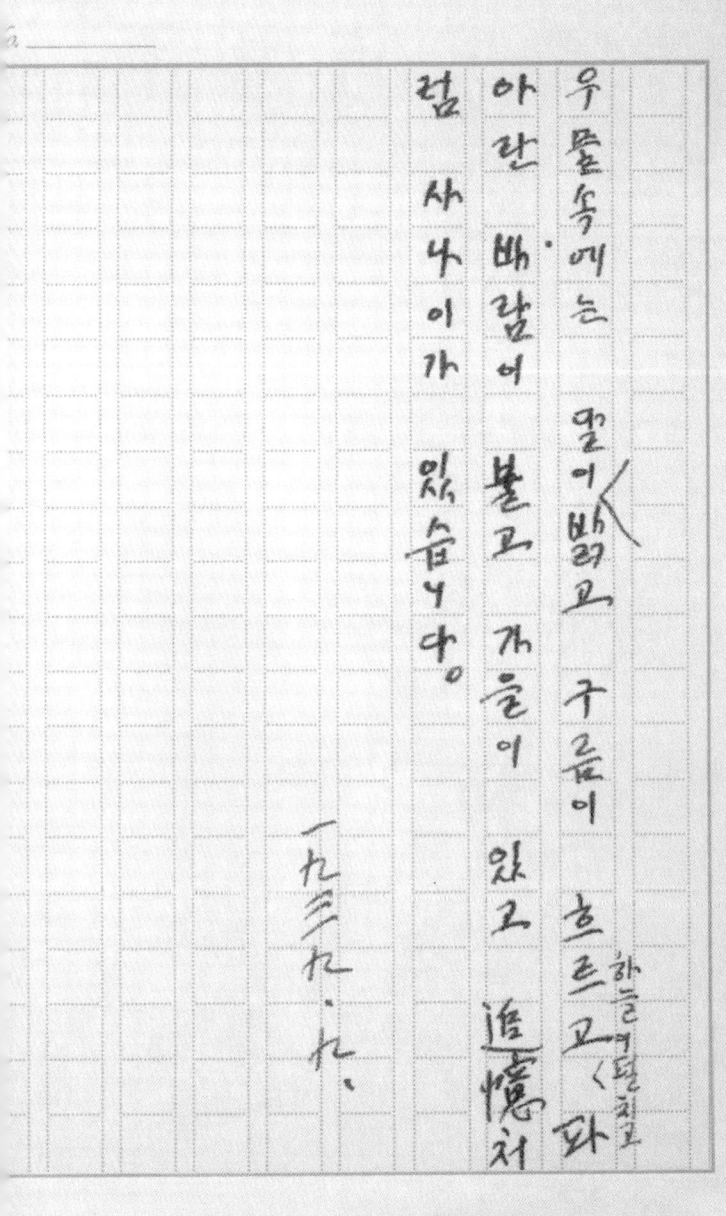

우물속에는 달이밝고 구름이 흐르고 하늘이펼치고
아란 바람이 불고 가을이 있고 追憶처럼
람 사나이가 있습니다.

一九三九·九·

自畵像

　산모퉁이를 돌아 논가 외딴우물을 홀로찾어가선 가만히 드려다 봅니다.

　우물속에는 달이 밝고 구름이 흐르고 하늘이 펼치고 파아란 바람이 불고 가을이 있습니다.

　그리고 한 사나이가 있습니다.
　어쩐지 그 사나이가 미워저 돌아갑니다.

　돌아가다 생각하니 그사나이가 가엽서집니다. 도로가 드려다 보니 사나이는 그대로 있습니다.

　다시 그사나이가 미워저 돌아갑니다. 돌아가다 생각하니 그사나이가 그리워집니다.

　우물속에는 달이 밝고 구름이 흐르고 하늘이 펼치고 파아란 바람이 불고 가을이 있고 追憶처럼 사나이가 있습니다.

一九三九(23세). 九.

자화상

　산모퉁이를 돌아 논가 외딴 우물을 홀로 찾아가선 가만히 들여다 봅니다.

　우물 속에는 달이 밝고 구름이 흐르고 하늘이 펼치고 파아란 바람이 불고 가을이 있습니다.

　그리고 한 사나이가 있습니다.
　어쩐지 그 사나이가 미워져 돌아갑니다.

　돌아가다 생각하니 그 사나이가 가엾어집니다. 도로 가 들여다 보니 사나이는 그대로 있습니다.

　다시 그 사나이가 미워져 돌아갑니다. 돌아가다 생각하니 그 사나이가 그리워집니다.

　우물 속에는 달이 밝고 구름이 흐르고 하늘이 펼치고 파아란 바람이 불고 가을이 있고 추억처럼 사나이가 있습니다.

1939(23세). 9.

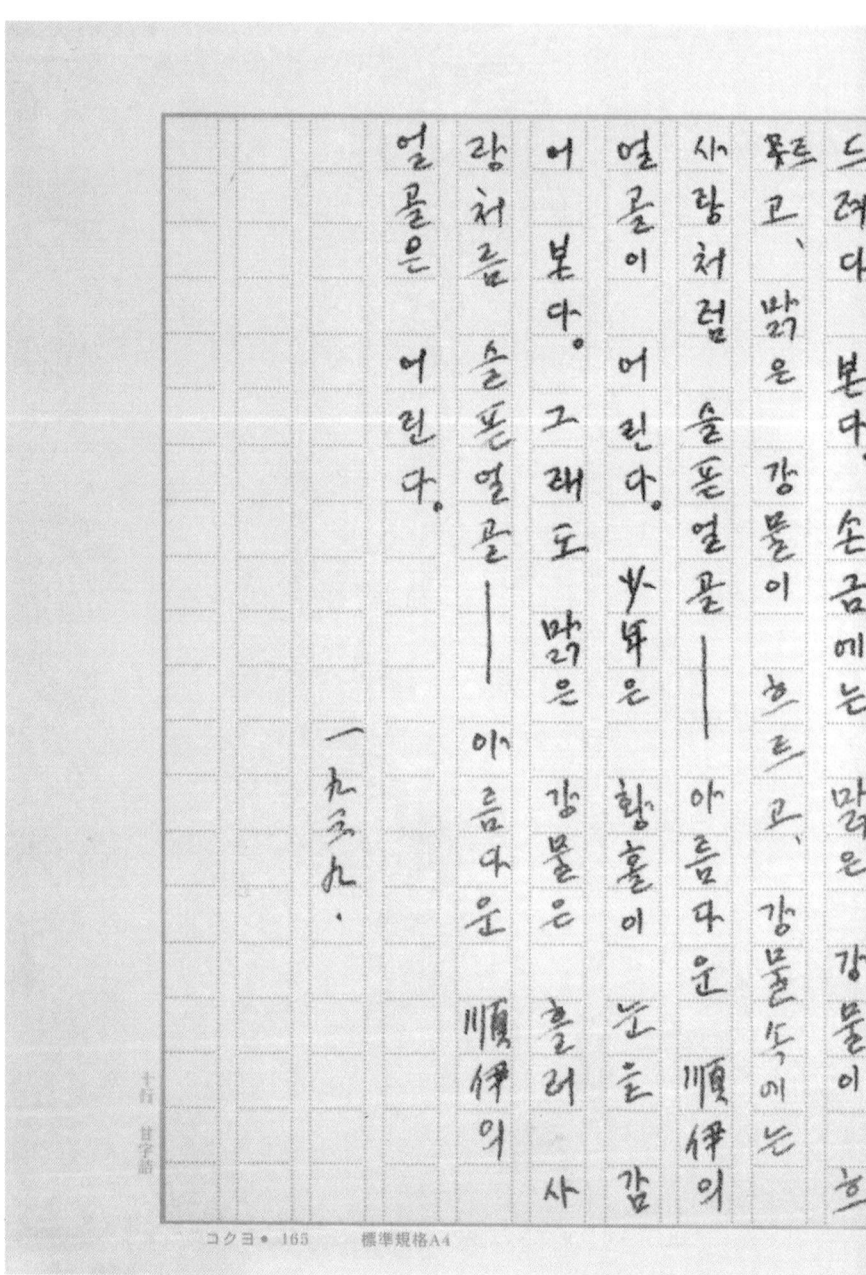

드려다 본다.

폭드고, 맑은 강물이 흐르고, 강물속에는

맑은 강물이 흐

사랑처럼 슬픈얼골―― 아름다운 順伊의

얼골이 어린다.

어 보다. 그래도 맑은 강물은 흘러 사

랑처름 슬픈얼골―― 아름다운 順伊의

얼골은 어린다.

一九三九．

火焰

여기저기서 단풍닢 같은 슬픈가을이 뚝
뚝 떠러진다. 단풍닢 떠러져 나온 자리
마다 불을 마련해 놓고 나무가지 우에
하늘이 펼처있다. 가만이 하늘을 드려다
보려면 눈섶에 파란 물감이 든다. 두손
으로 따뜻한 볼을 쓰서보면 손바닥에도

少年

　여기지기시 단풍닢 같은 슬픈가을이 뚝뚝 떠러진다. 단풍닢 떠러저 나온 자리마다 봄을 마련해 놓고 나뭇가지 우에 하늘이 펄처있다. 가만이 하늘을 들여다보려면 눈썹에 파란 물감이 든다. 두손으로 따뜻한 볼을 쓰서보면 손바닥에도파란 물감이 묻어난다. 다시 손바닥을 드려다 본다. 손금에는 맑은 강물이 흐르고, 맑은 강물이 흐르고, 강물속에는 사랑처럼 슬픈얼골 —— 아름다운 順伊의 얼골이 어린다. 少年은 황홀이 눈을 감어 본다. 그래도 맑은 강물은 흘러 사랑처름 슬픈얼골 —— 아름다운 順伊의 얼골은 어린다.

一九三九(23세).

소년

　여기저기서 단풍잎 같은 슬픈 가을이 뚝뚝 떨어진다. 단풍잎 떨어져 나온 자리마다 봄을 마련해 놓고 나뭇가지 위에 하늘이 펼쳐 있다. 가만히 하늘을 들여다보려면 눈썹에 파란 물감이 든다. 두 손으로 따뜻한 볼을 씻어 보면 손바닥에도 파란 물감이 묻어난다. 다시 손바닥을 들여다본다. 손금에는 맑은 강물이 흐르고, 맑은 강물이 흐르고, 강물 속에는 사랑처럼 슬픈 얼굴 —— 아름다운 순이의 얼굴이 어린다. 소년은 황홀히 눈을 감아 본다. 그래도 맑은 강물은 흘러 사랑처럼 슬픈 얼굴 —— 아름다운 순이의 얼굴은 어린다.

1939(23세).

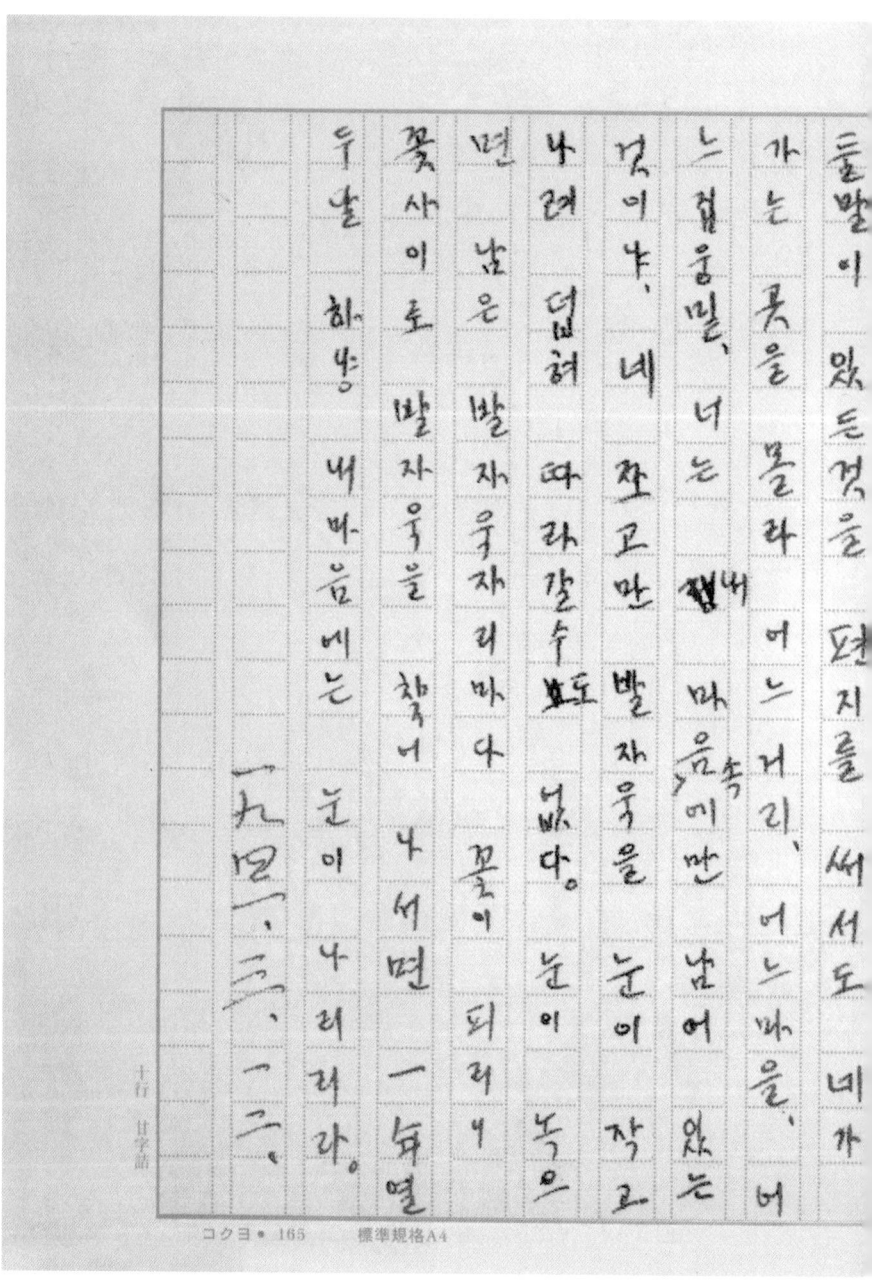

돌밭이 있든것을 써서도 네가
가는 곳을 몰라 어느거리, 어느
느집웅밑, 너는 어쩌다 마음속에만
것이냐, 네 조고만 발자욱을 남어 있는
나려덥혀 따라갈수 없다.
면 남은 발자욱 자리마다 꽃이 되리니
꽃사이로 발자욱을 찾어 나서면
두날 해ㅅ살 내 마음에는 눈이 나리리라.

一九四一, 三, 一二.

눈오는 地圖

順伊가 떠난다는 아츰에 말못할 마음으로 함박눈이 나려, 슬픈 것처럼 窓밖에 아득히 깔린 地圖 우에 덮힌다. 房안을 도라다 보아야 아무도 없다. 壁과 天井이 하얗다. 房안에까지 눈이 나리는 것일까, 정말 너는 잃어버린 歷史

눈오는 地圖

　順伊가 떠난다는 아츰에 말못할 마음으로 함박눈이 나려, 슬픈 것처럼 窓밖에 아득히 깔린 地圖우에 덮힌다.

　房안을 도라다 보아야 아무도 없다. 壁과 天井이 하얗다. 房안에까지 눈이 나리는 것일까. 정말 너는 잃어버린 歷史처럼 홀홀이 가는것이냐. 떠나기前에 일러둘말이 있든 것을 편지를 써서도 네가 가는 곳을 몰라 어느거리, 어느마을, 어느집웅밑, 너는 내 마음속에만 남어 있는 것이냐. 네 쪼고만 발자국을 눈이 작고 나려 덮혀 따라갈수도 없다. 눈이 녹으면 남은 발자욱자리마다 꽃이 피리니 꽃사이로 발자욱을 찾어 나서면 一年열두달 하냥 내마음에는 눈이 나리리라.

一九四一(25세). 三. 一二.

눈오는 지도

　순이가 떠난다는 아침에 말 못할 마음으로 함박눈이 내려, 슬픈 것처럼 창밖에 아득히 깔린 지도 위에 덮인다.
　방 안을 돌아다보아야 아무도 없다. 벽과 천장이 하얗다. 방 안에까지 눈이 내리는 것일까. 정말 너는 잃어버린 역사처럼 홀홀히 가는 것이냐. 떠나기 전에 일러둘 말이 있던 것을 편지를 써서도 네가 가는 곳을 몰라 어느 거리, 어느 마을, 어느 지붕 밑, 너는 내 마음속에만 남아 있는 것이냐. 네 쪼그만 발자국을 눈이 자꾸 내려 덮여 따라갈 수도 없다. 눈이 녹으면 남은 발자국 자리마다 꽃이 피리니, 꽃 사이로 발자국을 찾아 나서면 일년 열두 달 하냥 내 마음에는 눈이 내리리라.

1941(25세). 3. 12

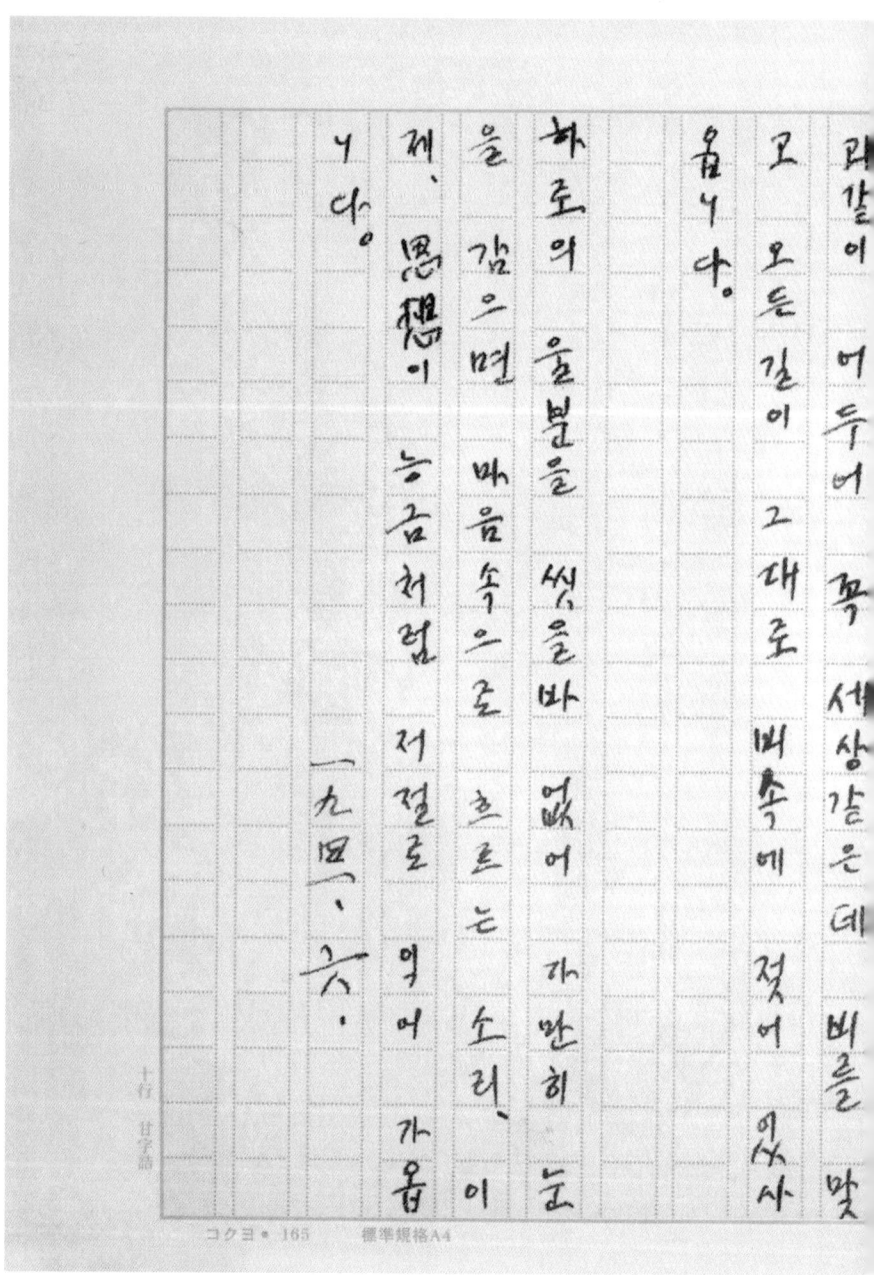

래갈이 어두어 꼭 세상갈은데 비를 맞

고 오는 길이 그대로 비속에 젖어 있사

옵ㄴ다。

하로의 울분을 씻을바 없어 가만히 눈

을 감으면 마음 속으로 흐르는 소리, 이

제, 思想이 능금처럼 저절로 익어 가옵

ㄴ다。

一九四、六、

돌아와 보는 밤

세상으로부터 돌아오듯이 이제 내 좁은
방에 돌아와 불을 조읍니다. 불을 켜두
는 것은 너무나 피로롭은 일이옵기에, 그
은 낮의 延長이옵기에——

이제 窓을 열어 空氣를 밖구어 드려야

돌아와보는밤

　세상으로부터 돌아오듯이 이제 내 좁은방에 돌아와 불을 끄옵니다. 불을 켜두는것은 너무나 피로롭은 일이옵니다. 그것은 낮의 延長이옵기에 ——

　이제 窓을 열어 空氣를 밖구어 드려야할턴데 밖을 가만이 내다 보아야 房안과같이 어두어 꼭 세상같은데 비를 맞고 오든길이 그대로 비속에 젖어 있사옵니다.

　하로의 울분을 씻을바 없어 가만히 눈을 감으면 마음속으로 흐르는 소리, 이제 思想이 능금처럼 저절로 익어 가옵니다.

一九四一(25세). 六.

돌아와 보는 밤

　세상으로부터 돌아오듯이 이제 내 좁은 방에 돌아와 불을 끄옵니다. 불을 켜 두는 것은 너무나 피로롭은 일이옵니다. 그것은 낮의 연장이옵기에 —

　이제 창을 열어 공기를 바꾸어 들여야 할 텐데 밖을 가만히 내다보아야 방 안과 같이 어두워 꼭 세상 같은데 비를 맞고 오던 길이 그대로 빗속에 젖어 있사옵니다.

　하루의 울분을 씻을 바 없어 가만히 눈을 감으면 마음속으로 흐르는 소리, 이제 사상이 능금처럼 저절로 익어 가옵니다.

1941(25세). 6.

나도 모를 아픔을 오래 참다 처음으로
이곳에 찾어왔다. 그러나 나의 늙은 의
사는 젊은이의 病을 모른다. 나안테는
病이 없다고 한다. 이 지나친 試鍊. 이
지나친 疲勞, 나는 성내서는 않된다.

女子는 자리에서 일어나 옷깃을 여미고
花壇에서 金盞花 한 포기를 따 가슴에
꼽고 病室안으로 살어진다. 나는 그女子

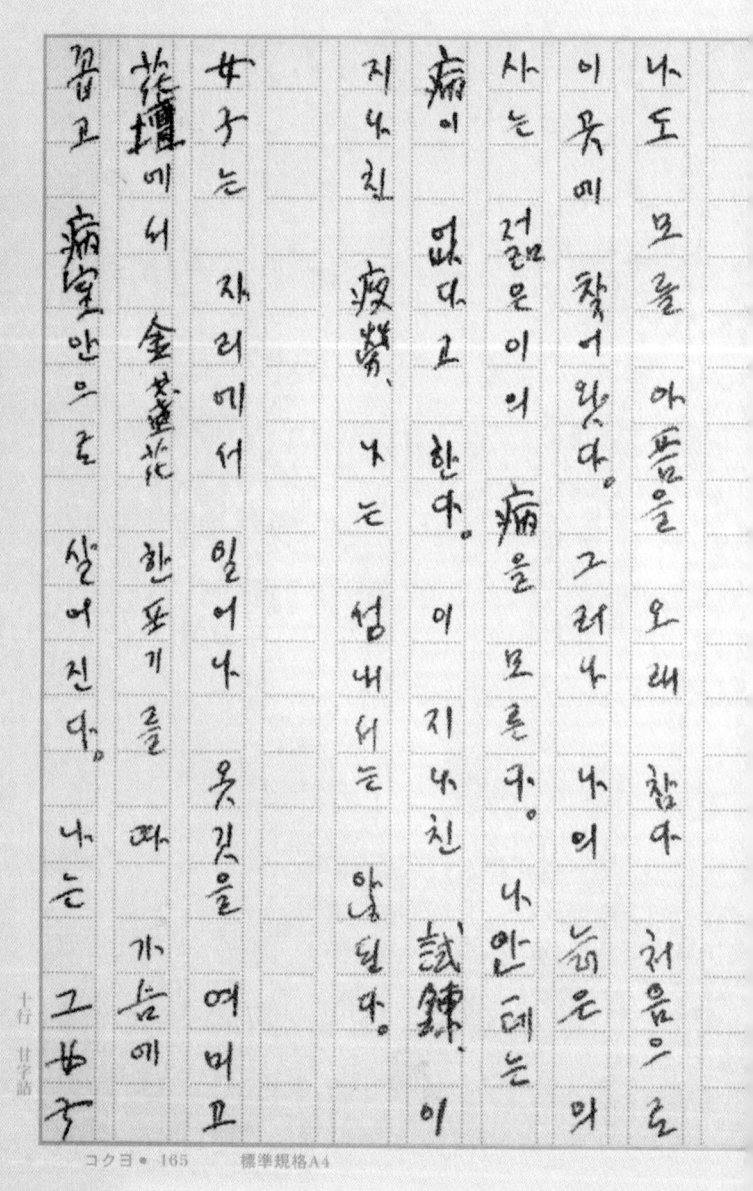

病院

살구나무 그늘로 얼굴을 가리고,
뜰에 누어、젊은 女子가 흰옷 아래로 病院뒷
안다리를 드려내놓고 日光浴을 한다
한나절이 기울도록 가슴을 앓른다는
女子를 찾어오는 이、나비 한마리도
없다. 슬프지도 않은 살구나무 가지에는

의 健康이 —— 아니 내 健康도 速히
回復되기를 바라며 그가 무엇든
두어본다.

一九四○, 一二,

病院

　살구나무 그늘로 얼골을 가리고, 病院뒷뜰에 누어, 젊은 女子가 힌옷아래로 하얀다리를 드려내 놓고 日光浴을 한다. 한나절이 기울도록 가슴을 알른다는 이 女子를 찾어 오는 이, 나비 한마리도 없다. 슬프지도 않은 살구나무가지에는 바람조차 없다.

　나도 모를 아픔을 오래 참다 처음으로 이곳에 찾어왔다. 그러나 나의 늙은 의사는 젊은이의 病을 모른다. 나안테는 病이 없다고 한다. 이 지나친 試鍊, 이 지나친 疲勞, 나는 성내서는 않된다.

　女子는 자리에서 일어나 옷깃을 여미고 化壇에서 金盞花 한포기를 따 가슴에 꼽고 病室안으로 살어진다. 나는 그女子의 健康이 —— 아니 내 健康도 速히 回復되기를 바라며 그가 누엇든 자리에 누어본다.

一九四0(24세). 一二.

병원

　살구나무 그늘로 얼굴을 가리고, 병원 뒤뜰에 누워, 젊은 여자가 흰옷 아래로 하얀 다리를 드러내 놓고 일광욕을 한다. 한나절이 기울도록 가슴을 앓는다는 이 여자를 찾아오는 이, 나비 한 마리도 없다. 슬프지도 않은 살구나무 가지에는 바람조차 없다.

　나도 모를 아픔을 오래 참다 처음으로 이곳에 찾아왔다. 그러나 나의 늙은 의사는 젊은이의 병을 모른다. 나한테는 병이 없다고 한다. 이 지나친 시련, 이 지나친 피로, 나는 성내서는 안 된다.

　여자는 자리에서 일어나 옷깃을 여미고 화단에서 금잔화 한 포기를 따 가슴에 꽂고 병실 안으로 사라진다. 나는 그 여자의 건강이 ─ 아니 내 건강도 속히 회복되기를 바라며 그가 누웠던 자리에 누워본다.

1940(24세). 12.

아가씨가 지나고 바람이 일고

나의 길은 언제나 새로운 길

오늘도…… 내일도……

내를 건너서 숲으로
고개를 넘어서 마을로

一九三八. 五.

새로운 길

내를 건너서 숲으로
고개를 넘어서 마을로

어제도 가고 오늘도 갈
나의 길 새로운 길

새로운길

내를 건너서 숲으로
고개를 넘어서 마을로

어제도 가고 오늘도 갈
나의길 새로운 길

문들레가피고 까치가 날고
아가씨가 지나고 바람이 일고

나의길은 언제나 새로운길
오늘도⋯⋯내일도⋯⋯

내를 건너서 숲으로
고개를 넘어서 마을로

一九三八(22세). 五.

새로운 길

내를 건너서 숲으로
고개를 넘어서 마을로

어제도 가고 오늘도 갈
나의 길 새로운 길

민들레가 피고 까치가 날고
아가씨가 지나고 바람이 일고

나의 길은 언제나 새로운 길
오늘도…… 내일도……

내를 건너서 숲으로
고개를 넘어서 마을로

1938(22세). 5.

집 찾는 존엄이 없어
모둥이마다
蒸氣로운 瓦斯燈이
불을 해놓고,
손뼉을 치보오면
다들어진 사람들
다드러진 사람들

따빨가게
불붓는 大山우에에

看板 없는 거리

停車場 푸랕홈의
나렷을때 아무도없어,

다들 손님들뿐,

손님같은 사람들뿐,

봄, 여름, 가을, 겨울,

순서도 돌아들고,

도표

看板없는거리

停車場 푸랕 옴에
나렷을때 아무도없어,

다들 손님들뿐,
손님같은 사람들뿐,

집집마다 看板이없어
집 찾을 근심이없어

빨가케
파라케
불붓는 文字도없어

모퉁이마다
慈愛로운 헌 瓦斯燈에
불을 혀놓고,

손목을 잡으면
다들어진사람들
다들어진사람들

봄, 여름, 가을, 겨울

순서도 돌아들고.

一九四一(25세).

간판 없는 거리

정거장 플랫 폼에
내렸을 때 아무도 없어,

다들 손님들뿐,
손님 같은 사람들뿐,

집집마다 간판이 없어
집 찾을 근심이 없어

빨갛게
파랗게
불붙는 문자도 없어

모퉁이마다
자애로운 헌 와사등[2]에
불을 켜 놓고,

손목을 잡으면
다들, 어진 사람들

---

2) 가스등.

다들, 어진 사람들

봄, 여름, 가을, 겨울
순서로 돌아들고.

1941(25세).

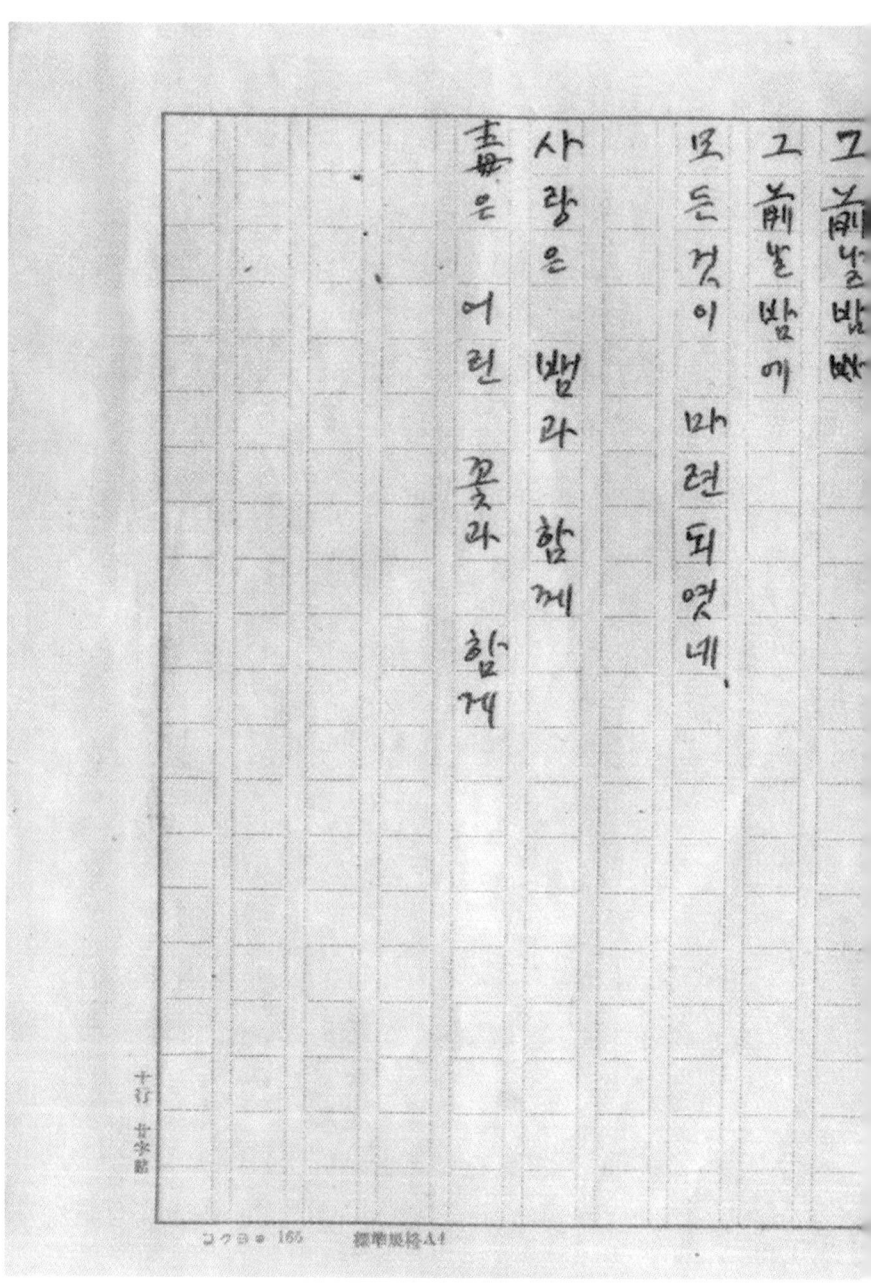

그 前날밤에
그 前날밤에
모든것이 마련되엇네

사랑은 뱀과 함께
毒은 어린 꽃과 함게

初한의 아츰

봄날 아츰도 아니고

여름, 가을, 겨울,

그런날 아츰도 아닌 아츰에

빨ㅡ간 꽃이 피여낫네,

해ㅅ빛이 푸른데,

太初의아츰

봄날 아츰도 아니고
여름, 가을, 겨울,
그런날 아츰도 아닌 아츰에

빨 — 간 꽃이 피여낫네,
해ㅅ빛이 푸른데,

그 前날밤에
그 前날밤에
모든것이 마련되엿네.

사랑은 뱀과 함께
毒은 어린 꽃과 함께

태초의 아침

봄날 아침도 아니고
여름, 가을, 겨울,
그런 날 아침도 아닌 아침에

빨 — 간 꽃이 피어났네,
햇빛이 푸른데,

그 전날 밤에
그 전날 밤에
모든 것이 마련되었네.

사랑은 뱀과 함께
독은 어린 꽃과 함께

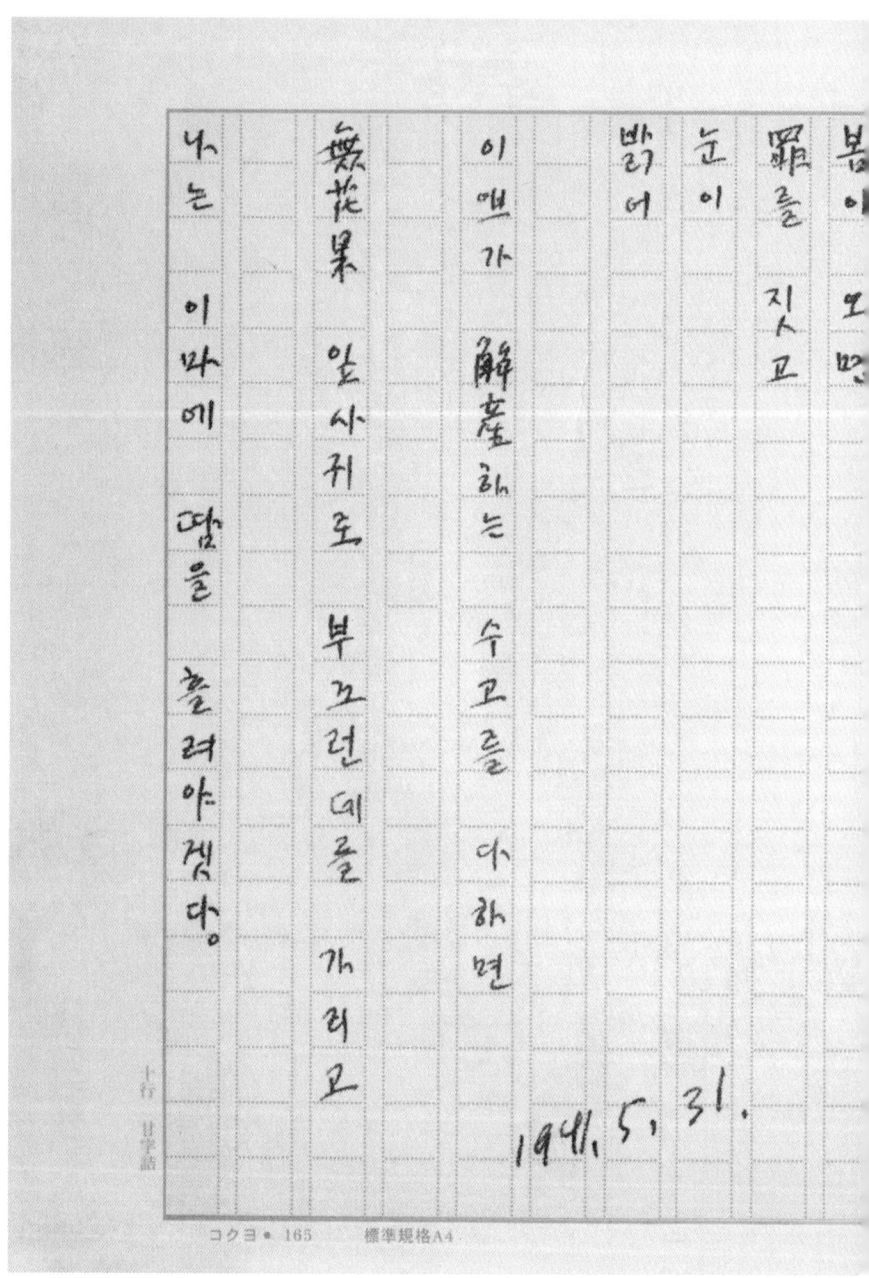

봄이 오면

罪를 짓고

눈이
밝어

이맘가 解産하는 수고를 다하면

無花果 잎사귀로 부끄런데를 가리고

나는 이마에 땀을 흘려야겠다

1941. 5. 31.

또太初의아츰

하얗게 눈이 덮이엇고
電信柱가 잉잉 울어
하나님말슴이 들려온다.

무슨 啓示일가.

또太初의아츰

하얗게 눈이 덮이엿고
電信柱가 잉잉 울어
하나님말슴이 들려온다.

무슨 啓示일가.

빨리
봄이 오면
罪를 짓고
눈이
밝어

이브가 解産하는 수고를 다하면

無花果 잎사귀로 부끄런데를 가리고

나는 이마에 땀을 흘려야겟다.

1941(25세). 5. 31.

또 태초(太初)의 아침

하얗게 눈이 덮이었고
전신주(電信柱)가 잉잉 울어
하나님 말씀이 들려온다.

무슨 계시(啓示)일까.

빨리
봄이 오면
죄(罪)를 짓고
눈이
밝아

이브가 해산(解産)하는 수고를 다하면

무화과(無花果) 잎사귀로 부끄런 데를 가리고

나는 이마에 땀을 흘려야겠다.

1941. 5. 31.

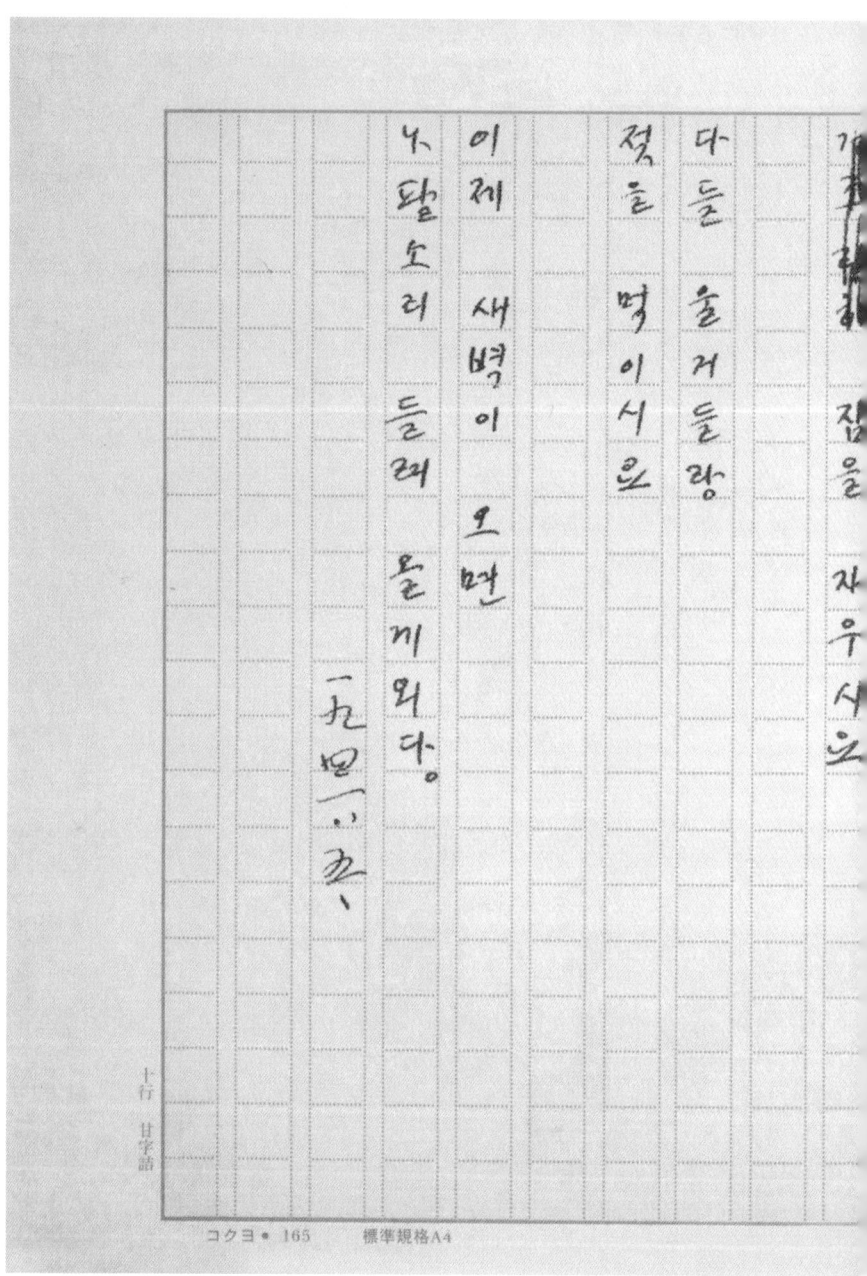

새벽이 올 때까지

다들 죽어가는 사람들에게
검은 옷을 입히시오.

다들 살어가는 사람들에게
힌 옷을 입히시오.

새벽이올때까지

다들 죽어가는 사람들에게
검은 옷을 입히시오.

다들 살어가는 사람들에게
힌 옷을 입히시오.

그리고 한 寢臺에
가지런히 잠을 재우시오

다들 울거들랑
젖을 먹이시오

이제 새벽이 오면
나팔소리 들려 올게외다.

一九四一(25세). 五.

새벽이 올 때까지

다들 죽어가는 사람들에게
검은 옷을 입히시오.

다들 살아가는 사람들에게
흰옷을 입히시오.

그리고 한 침대에
가지런히 잠을 재우시오

다들 울거들랑
젖을 먹이시오

이제 새벽이 오면
나팔소리 들려올 게외다.

1941(25세). 5.

어디에 내 한 몸 둘 하늘이 있어

나를 부르는 것이오.

일이 마쳐 끝내고 내 죽는 날 아침에는

서럽지도 않은 가랑닢이 떠러질텐데…

나를 부르지 마오.

一九四一·五·卅一

무서운 時間

거 나를 부르는 것이 누구요,

가랑닢 입파리 푸르러 나오는 그늘인데,

나 아직 여기 호흡이 남어 있소.

한번도 손들어 보지못한 나를

무서운時間

기 나를 부르는것이 누구요,

가랑닢 잎파리 푸르러 나오는 그늘인데,
나 아직 여기 呼吸이 남어 있소.

한번도 손들어 보지못한 나를
손들어 표할 하늘도 없는 나를

어디에 내 한몸둘 하늘이 있어
나를 부르는 것이오.

일이 마치고 내 죽는날 아츰에는
서럽지도 않은 가랑닢이 떠러질텐데……

나를 부르지마오.

一九四一·(25세). 二. 七.

무서운 시간

거 나를 부르는 것이 누구요,

가랑잎 이파리 푸르러 나오는 그늘인데,
나 아직 여기 호흡이 남아 있소.

한번도 손들어 보지 못한 나를
손들어 표할 하늘도 없는 나를

어디에 내 한 몸 둘 하늘이 있어
나를 부르는 것이오.

일이 마치고 내 죽는 날 아침에는
서럽지도 않은 가랑잎이 떨어질텐데……

나를 부르지 마오.

1941(25세). 2. 7.

꽃처럼 피어나는 피를

목아지를 드리우고

十字架가 許諾된다면

처럼

幸福한 예수·그리스도에게

괴로웟든 사나이,

서성거리다가

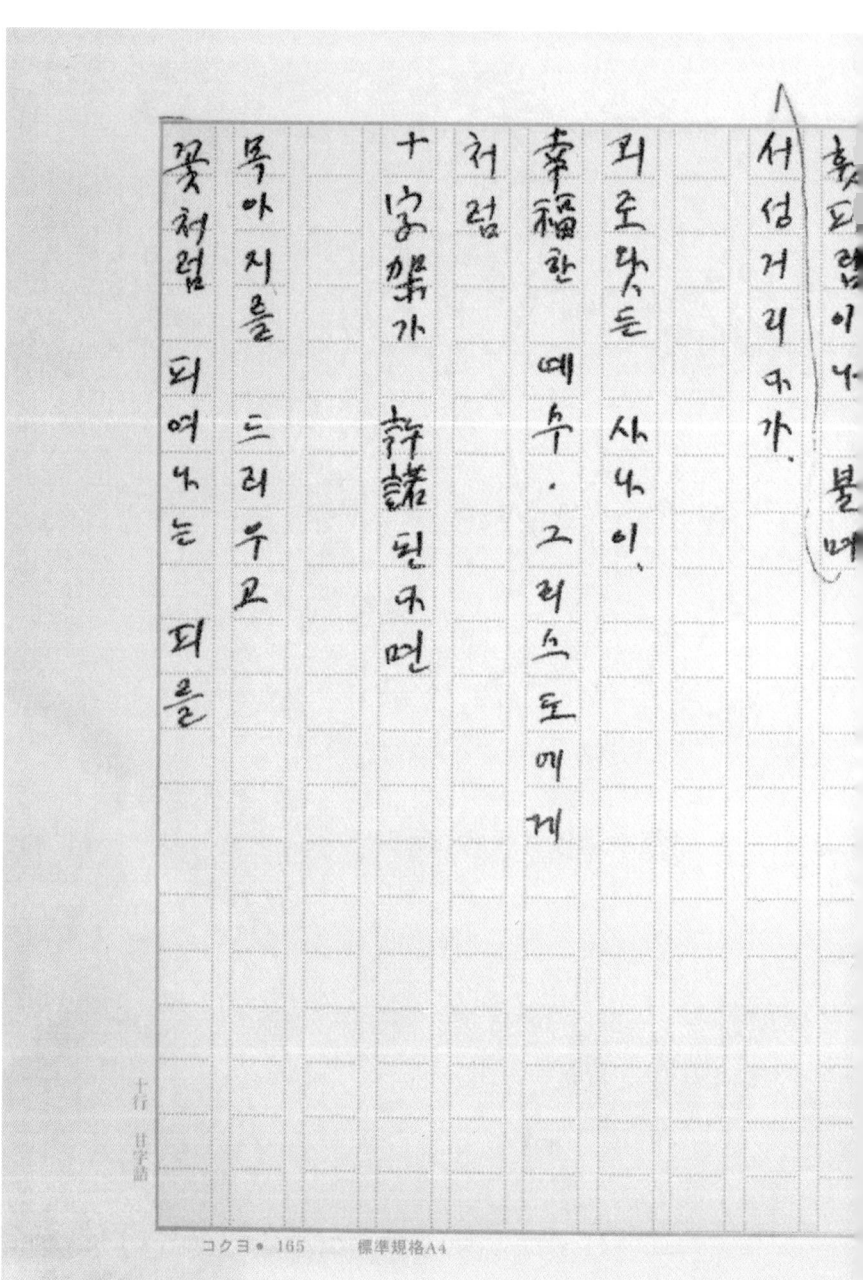

十字架

쫓아오든 햇빛인데
지금 教會堂 꼭대기
十字架에 걸리였습니다.

尖塔이 저렇게도 높은데
어떻게 올라 갈수 있을가요.

어두어가는 하늘밑에
조용히 흘리겠읍니다.

一九四二、五、三一、

十字架

쫓아오든 햇빛인데
지금 敎會堂꼭대기
十字架에 걸리였습니다.

尖塔이 저렇게도 높은데
어떻게 올라갈수 있을가요.

鐘소리도 들려오지 않는데
휫파람이나 불며 서성거리다가,

괴로왔든 사나이,
幸福한 예수·그리스도에게
처럼
十字架가 許諾된다면

목아지를 드리우고
꽃처럼 피여나는 피를
어두어가는 하늘밑에
조용이 흘리겠읍니다.

          一九四一(25세). 五. 三一.

십자가

쫓아오던 햇빛인데
지금 교회당 꼭대기
십자가에 걸리었습니다.

첨탑이 저렇게도 높은데
어떻게 올라갈 수 있을까요.

종소리도 들려오지 않는데
휘파람이나 불며 서성거리다가,

괴로웠던 사나이,
행복한 예수 · 그리스도에게
처럼
십자가가 허락된다면

모가지를 드리우고
꽃처럼 피어나는 피를
어두워가는 하늘 밑에
조용히 흘리겠습니다.

1941(25세). 5. 31.

단 한 女子를 사랑한 일도 없다.
時代를 슬퍼한 일도 없었다.

바람이 작고 부는데
내발이 반석우에 섯다.

강물이 작고 흐르는데
내발이 언덕우에 섯다.

바람이 불어

바람이 어디로부터 불어와

어디로 불려가는 것일가,

바람이 부는데

내 괴로움에는 理由가 없다.

바람이불어

바람이 어디로부터 불어와
어디로 불려가는 것일가,

바람이 부는데
내 괴로움에는 理由가 없다.

내 괴로움에는 理由가 없을가,

단 한女子를 사랑한 일도 없다.
時代를 슬퍼한 일도 없다.

바람이 작고 부는데
내발이 반석우에 섯다.

강물이 작고 흐르는데
내발이 언덕우에 섯다.

一九四一(25세). 六. 二.

바람이 불어

바람이 어디로부터 불어와
어디로 불려가는 것일까,

바람이 부는데
내 괴로움에는 이유가 없다.

내 괴로움에는 이유가 없을까,

단 한 여자를 사랑한 일도 없다.
시대를 슬퍼한 일도 없다.

바람이 자꾸 부는데
내 발이 반석 위에 섰다.

강물이 자꾸 흐르는데
내 발이 언덕 위에 섰다.

1941(25세). 6. 2.

슬픈 族屬

힌 수건이 검은 머리를 두르고

힌 고무신이 거츤발에 걸리우다.

힌 저고리 치마가 슬픈 몸집을 가리고

힌 떠가는 허리를 질끈 동이다.

一九三八、九、

슬픈族屬

힌 수건이 검은 머리를 두르고
힌 고무신이 거츤발에 걸리우다.

힌 저고리 치마가 슬픈 몸집을 가리고
힌 띠가 가는 허리를 질끈 동이다.

一九三八(22세). 九.

슬픈 족속

흰 수건이 검은 머리를 두르고
흰 고무신이 거친 발에 걸리우다.

흰 저고리 치마가 슬픈 몸집을 가리고
흰 띠가 가는 허리를 질끈 동이다.

　　　　　　　　　　　　1938(22세). 9.

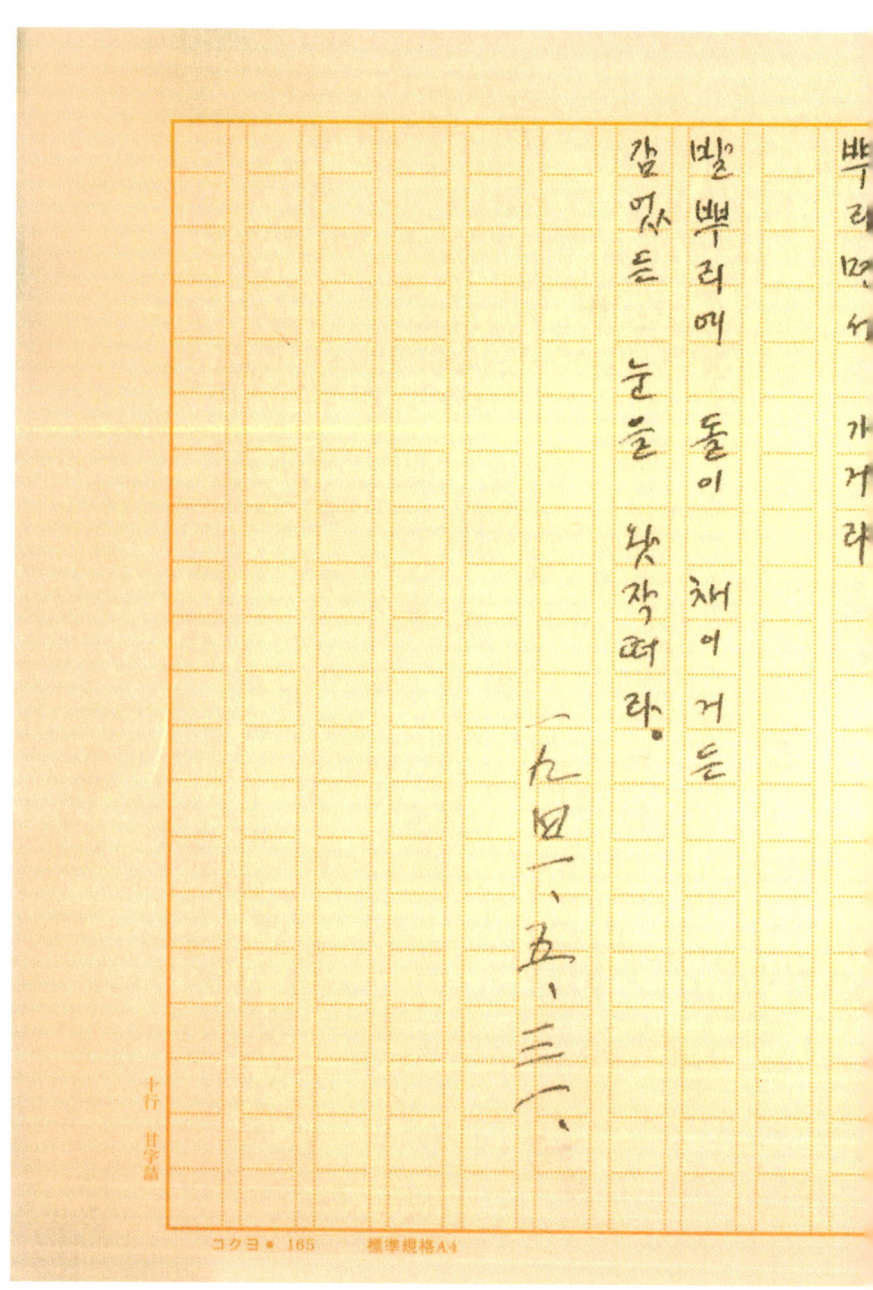

뿌리면서

발뿌리에 돌이 채이거든
맑없는 눈을 날짝떠라。

一九四一、五、三一、

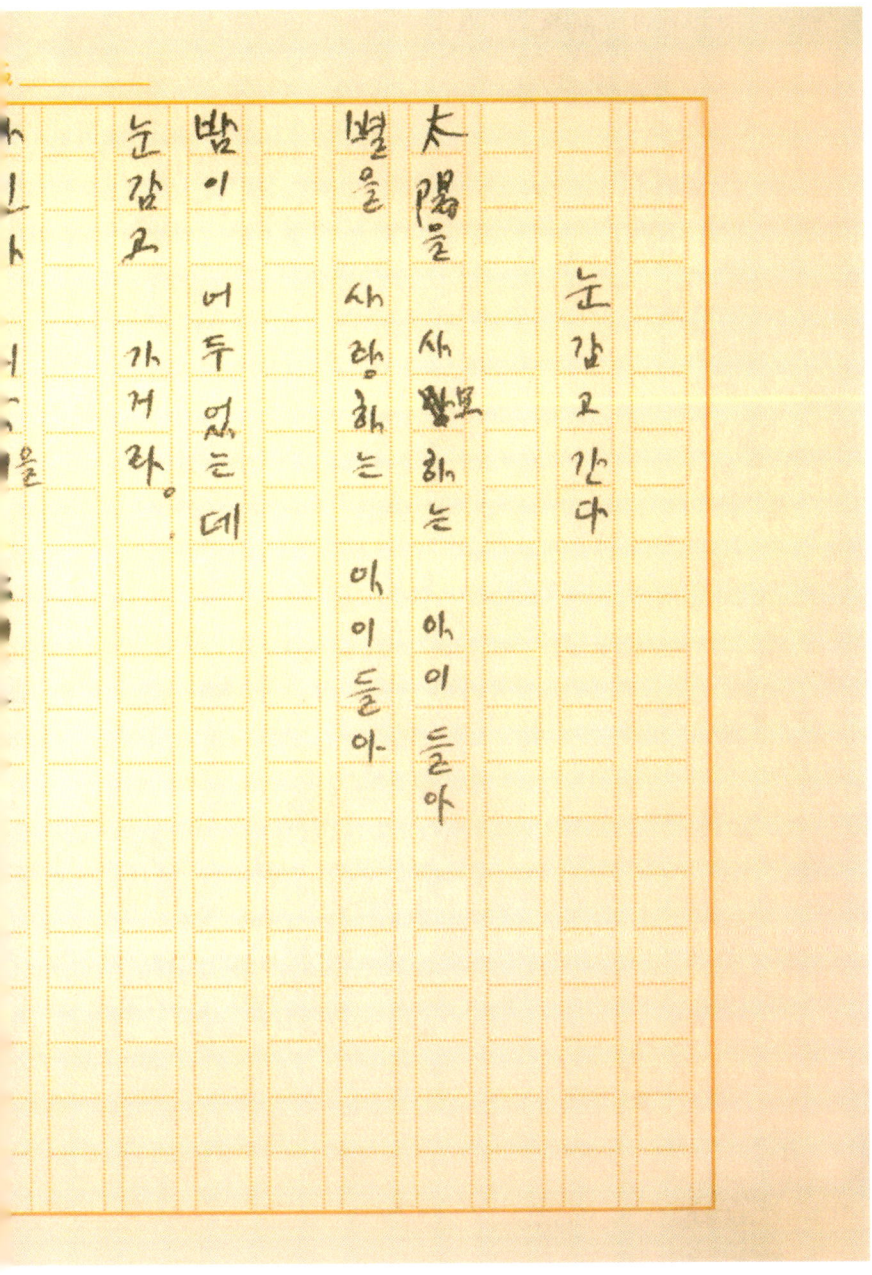

太陽을 사랑하는 아이들아
별을 사랑하는 아이들아

밤이 어두웠는데 눈감고 가거라.

눈감고 간다

눈감고간다

太陽을 사모하는 아이들아
별을 사랑하는 아이들아

밤이 어두었는데
눈감고 가거라.

가진바 씨앗을
뿌리면서 가거라

발뿌리에 돌이 채이거든
감었든 눈을 왓작떠라.

一九四一(25세). 五. 三一.

눈 감고 간다

태양을 사모하는 아이들아
별을 사랑하는 아이들아

밤이 어두웠는데
눈 감고 가거라.

가진 바 씨앗을
뿌리면서 가거라

발부리에 돌이 채이거든
감았던 눈을 와짝 떠라.

1941(25세). 5. 31.

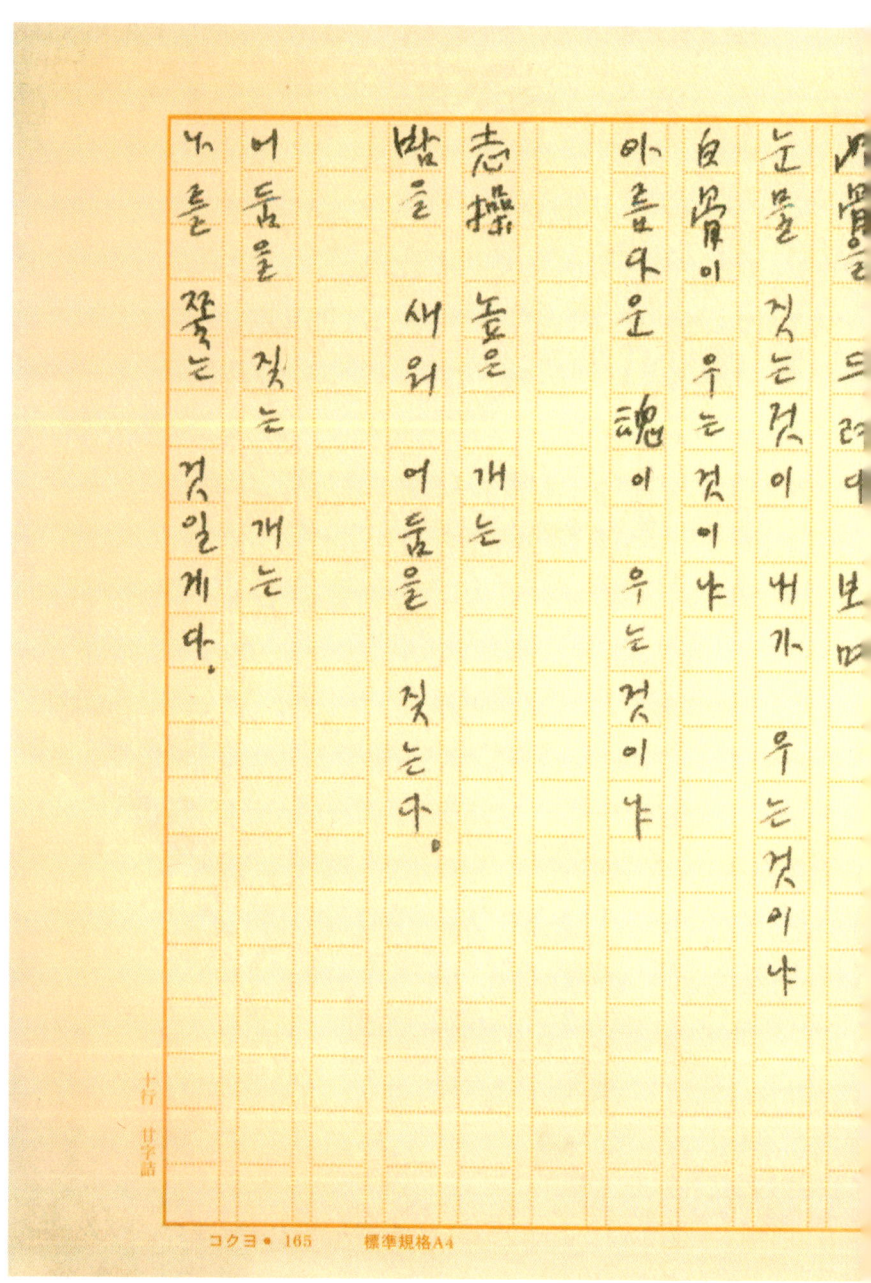

내몸을 드려다 보며

눈물 짓는것이 내가 우는것이냐

白骨이 우는것이냐

아름다운 魂이 우는것이냐

志操 높은 개는

밤을 새워 어둠을 짖는다.

어둠을 짖는 개는

나를 쫓는 것일게다.

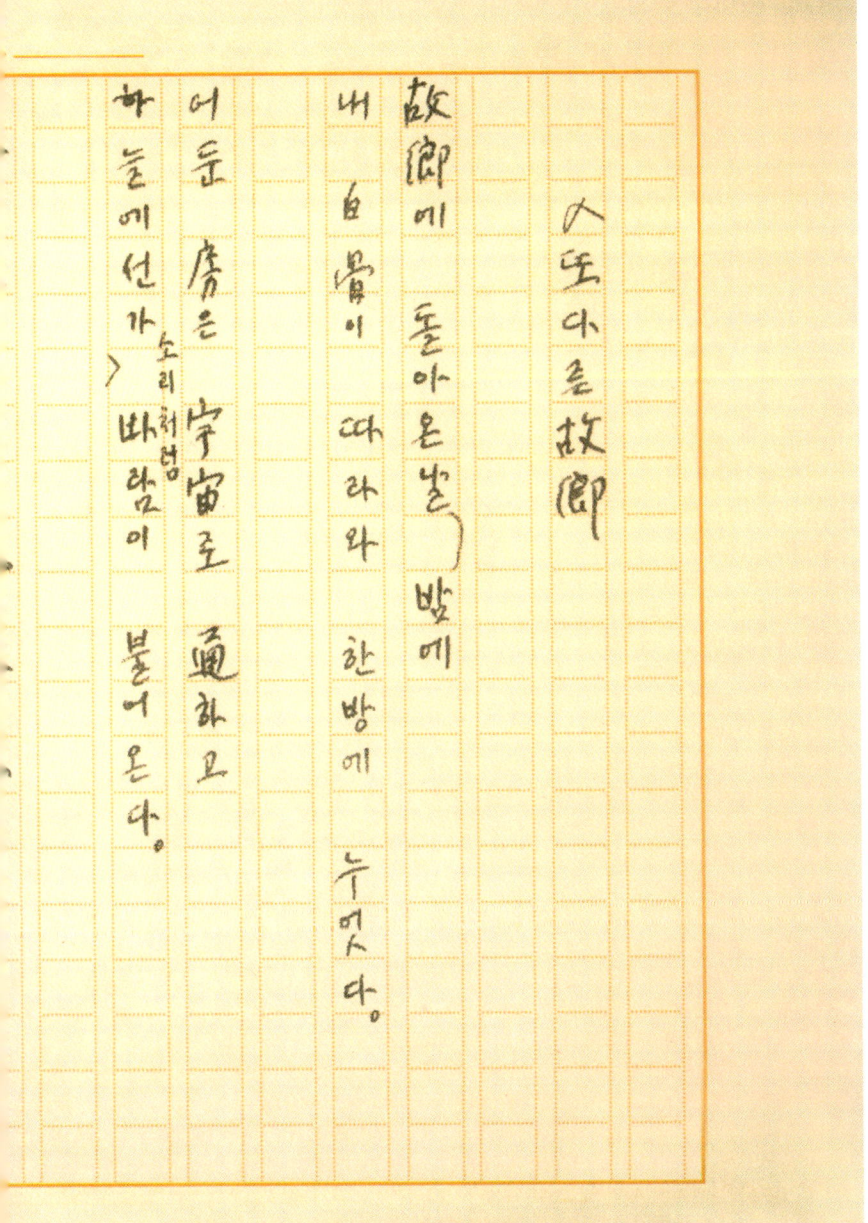

〈또다른 故鄕〉

故鄕에 돌아온 날) 밤에
내 白骨이 따라와 한 방에 누엇다.

어둔 房은 宇宙로 通하고
하늘에선가〉 소리처럼 바람이 불어온다.

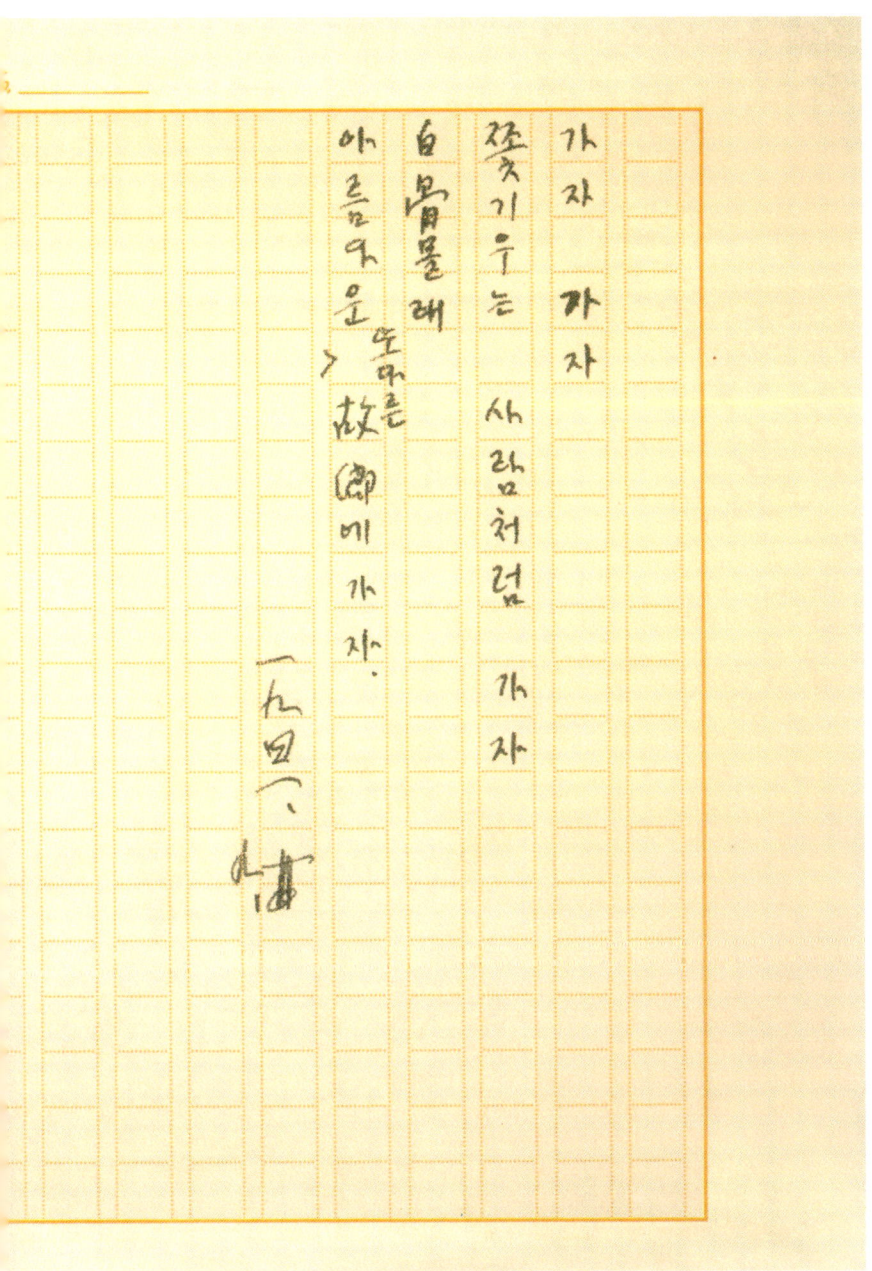

또다른故鄉

故鄉에 돌아온날밤에
내 白骨이 따라와 한방에 누엇다.
어둔 房은 宇宙로 通하고
하늘에선가 소리처럼 바람이 불어온다.

어둠속에 곱게 風化作用하는
白骨을 드려다 보며
눈물 짓는것이 내가 우는것이냐
白骨이 우는것이냐
아름다운 魂이 우는것이냐

志操 높은 개는
밤을 새워 어둠을 짖는다.
어둠을 짖는 개는
나를 쫓는 것일게다.

가자 가자
쫓기우는 사람처럼 가자
白骨몰래
아름다운 또다른 故鄉에가자.

一九四一(25세). 九.

또 다른 고향

고향에 돌아온 날 밤에
내 백골이 따라와 한방에 누웠다.
어둔 방은 우주로 통하고
하늘에선가 소리처럼 바람이 불어온다.

어둠 속에 곱게 풍화작용하는
백골을 들여다보며
눈물짓는 것이 내가 우는 것이냐
백골이 우는 것이냐
아름다운 혼이 우는 것이냐

지조 높은 개는
밤을 새워 어둠을 짖는다.
어둠을 짖는 개는
나를 쫓는 것일 게다.

가자 가자
쫓기우는 사람처럼 가자
백골 몰래
아름다운 또 다른 고향에 가자.

1941(25세). 9.

담은 쇠문을 굳게 닫어

길우에 긴 그림자를 드리우고

길은 아츰에서 저녁으로
저녁에서 아츰으로 통했습니다.

돌담을 더듬어 눈물 짓다
처다보면 하늘은 부끄럽게 프름니다.

길

잃어버렸습니다.

무얼 어디다 잃었는지 몰라

두 손이 주머니를 더듬어

길에 나아갑니다.

돌과 돌과 돌이 끝없이 연달어

돌 향한 도기 없는 이 길을 걷는 것은

담 저 쪽에 내가 남어 있는 까닭이고,

내가 사는 것은, 다만,

잃은 것을 찾는 까닭입니다.

一九四一, 九, 三一,

길

잃어 버렸습니다.
무얼 어디다 잃었는지 몰라
두손이 주머니를 더듬어
길에 나아갑니다.

돌과 돌과 돌이 끝없이 연달어
길은 돌담을 끼고 갑니다.

담은 쇠문을 굳게 닫어
길우에 긴 그림자를 드리우고
길은 아츰에서 저녁으로
저녁에서 아츰으로 통했습니다.

돌담을 더듬어 눈물 짓다
처다보면 하늘은 부끄럽게 프름니다.

풀 한포기 없는 이길을 걷는것은
담저쪽에 내가 남어 있는 까닭이고,

내가 사는것은, 다만,
잃은것을 찾는 까닭입니다.

一九四一(25세). 九. 三一.

길

잃어버렸습니다.
무얼 어디다 잃었는지 몰라
두 손이 주머니를 더듬어
길에 나아갑니다.

돌과 돌과 돌이 끝없이 연달아
길은 돌담을 끼고 갑니다.

담은 쇠문을 굳게 닫아
길 위에 긴 그림자를 드리우고
길은 아침에서 저녁으로
저녁에서 아침으로 통했습니다.

돌담을 더듬어 눈물짓다
쳐다보면 하늘은 부끄럽게 푸릅니다.

풀 한 포기 없는 이 길을 걷는 것은
담 저쪽에 내가 남아 있는 까닭이고,

내가 사는 것은, 다만,
잃은 것을 찾는 까닭입니다.

1941(25세). 9. 31.

이제 다……

쉬이 아츰이 오는 노는 까닭이오,

來日밤이 남은 靑春이 다하지 않은 까닭입니다.

아직 나의

……다.

별 하나에 追憶과
별 하나에 사랑과
별 하나에 쓸쓸함과
별 하나에 憧憬과

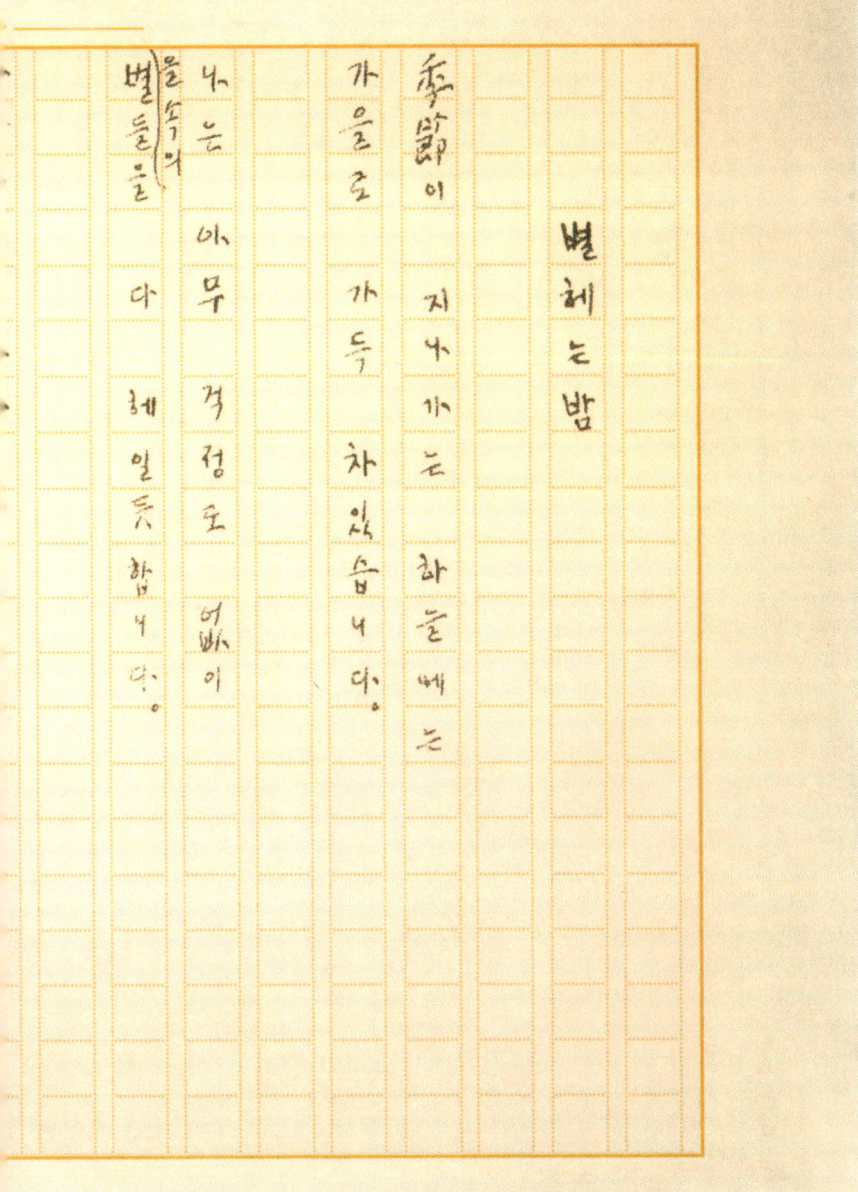

별 헤는 밤

季節이 지나가는 하늘에는
가을로 가득 차 있습니다.

나는 아무 걱정도 없이
가을속의 별들을 다 헤일듯 합니다.

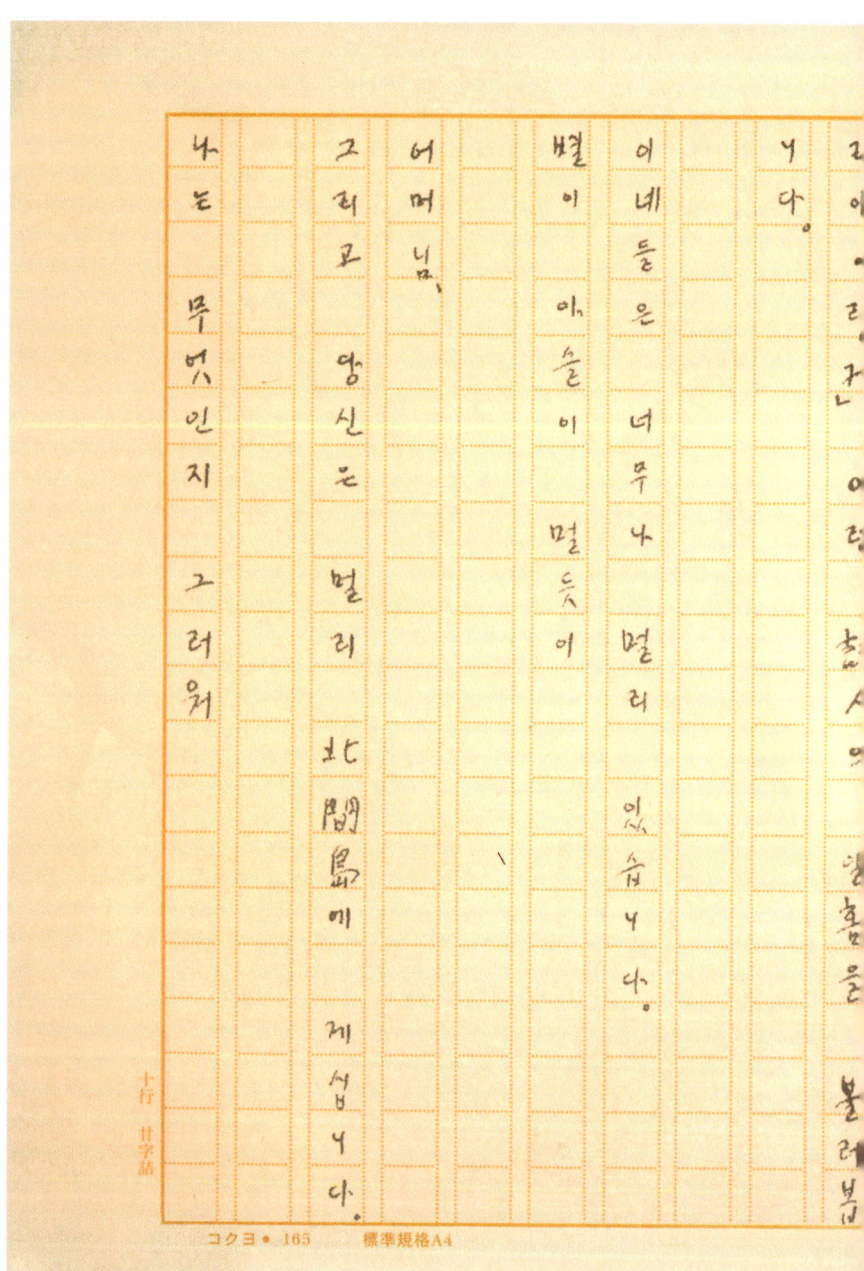

별 하나에 詩와

별 하나에 어머니, 어머니,

어머님, 나는 별 하나에 아름다운 말 한마디식 불러봅니다 小學校 때 册床을 같이 햇든 아이들의 일홈과, 佩, 鏡,

이런 異國 少女들의 일홈과 벌서 애기 어머니 된 게집애들의 일홈과,

이웃 사람들의 일홈과, 비둘기, 강아지, 토

이 밤도 별빛이 나린 언덕우에
내 일홈자를 써 보고,
흙으로 덮허 버리엿습니다.
따는 밤을 새워 우는 버레는
부끄러운 일홈을 슬퍼하는 까다리입니다.

그러나 겨을이 지나고 나의 별에도 봄이 오면
무덤우에 파란 잔디가 피여나듯이

(一九四一。十一。五。)

별헤는밤

季節이 지나가는 하늘에는
가을로 가득 차있습니다.

나는 아무 걱정도 없이
가을속의 별들을 다 헤일듯합니다.

가슴속에 하나 둘 색여지는 별을
이제 다 못헤는것은
쉬이 아츰이 오는 까닭이오,
來日밤이 남은 까닭이오,
아직 나의 靑春이 다하지 않은 까닭입니다.

별하나에 追憶과
별하나에 사랑과
별하나에 쓸쓸함과
별하나에 憧憬과
별하나에 詩와
별하나에 어머니, 어머니,

　어머님, 나는 별 하나에 아름다운 말 한마디식 불러봅니다. 小學校때 冊床을 같이 햇든 아이들의 일홈과, 佩, 鏡, 玉 이런 異國少

女들의 일홈과 벌서 애기 어머니 된 게집애들의 일홈과, 가난한 이웃사람들의 일홈과, 비둘기, 강아지, 토끼, 노새, 노루, 「푸랑시쓰·쨤」「라이넬·마리아·릴케」이런 詩人의 일홈을 불러봅니다.

이네들은 너무나 멀리 있습니다.
별이 아슬이 멀듯이

어머님,
그리고 당신은 멀리 北間島에 게십니다.

나는 무엇인지 그러워
이많은 별빛이 나린 언덕우에
내 일홈자를 써보고,
흙으로 덮혀 버리엿습니다.

따는 밤을 새워 우는 버레는
부끄러운 일홈을 슬퍼하는 까닭입니다.

그러나 겨울이 지나고 나의 별에도 봄이 오면
무덤우에 파란 잔디가 피여나듯이

내일홈자 묻힌 언덕우에도

자랑처럼 풀이 무성 할게외다.

一九四一(25세). 十一. 五.

별 헤는 밤

계절이 지나가는 하늘에는
가을로 가득 차 있습니다.

나는 아무 걱정도 없이
가을 속의 별들을 다 헤일 듯합니다.

가슴속에 하나 둘 새겨지는 별을
이제 다 못 헤는 것은
쉬이 아침이 오는 까닭이요,
내일 밤이 남은 까닭이요,
아직 나의 청춘이 다하지 않은 까닭입니다.

별 하나에 추억과
별 하나에 사랑과
별 하나에 쓸쓸함과
별 하나에 동경과
별 하나에 시와
별 하나에 어머니, 어머니,

어머님, 나는 별 하나에 아름다운 말 한마디씩 불러봅니다. 소학교 때 책상을 같이 했던 아이들의 이름과, 패(佩), 경(鏡), 옥

(玉) 이런 이국 소녀들의 이름과 벌써 애기 어머니 된 계집애들의 이름과, 가난한 이웃사람들의 이름과, 비둘기, 강아지, 토끼, 노새, 노루, '프랑시스·잠', '라이너 마리아 릴케', 이런 시인의 이름을 불러봅니다.

　이네들은 너무나 멀리 있습니다.
　별이 아슬히 멀듯이,

　어머님,
　그리고 당신은 멀리 북간도에 계십니다.

　나는 무엇인지 그리워
　이 많은 별빛이 내린 언덕 위에
　내 이름자를 써보고,
　흙으로 덮어버리었습니다.

　딴은 밤을 새워 우는 벌레는
　부끄러운 이름을 슬퍼하는 까닭입니다.

　그러나 겨울이 지나고 나의 별에도 봄이 오면
　무덤 위에 파란 잔디가 피어나듯이

내 이름자 묻힌 언덕 위에도
자랑처럼 풀이 무성할 게외다.

1941(25세). 11. 5.

제2부

'하늘과바람과별과詩'에 들지 못한 시편

*띄어쓰기와 맞춤법만 현행대로, 여타 표기는 원전대로 함.

초 한 대

초 한 대 ──
내 방에 풍긴 향내를 맡는다.

광명의 제단이 무너지기 전
나는 깨끗한 제물을 보았다

염소의 갈비뼈 같은 그의 몸
그리고도 그의 생명인 심지(心志)까지
백옥 같은 눈물과 피를 흘려
불살라 버린다.

그리고도 책머리에 아롱거리며
선녀처럼 촛불은 춤을 춘다.

매를 본 꿩이 도망가듯이
암흑이 창구멍으로 도망간
나의 방에 풍긴
제물의 위대한 향내를 맛보노라.

1934(18세). 12. 24.

삶과 죽음

삶은 오늘도 죽음의 서곡을 노래하였다.
이 노래가 언제나 끝나랴.

세상 사람은 —
뼈를 녹여내는 듯한 삶의 노래에
춤을 춘다.
사람들은 해가 넘어가기 전
이 노래 끝의 공포를
생각할 사이가 없었다.

(나는 이것만은 알았다.
이 노래의 끝을 맛본 이들은
자기만 알고
다음 노래의 맛을 알려 주지 아니하였다.)

하늘 복판에 아로새기듯이
이 노래를 부른 자가 누구뇨.
그리고 소낙비 그친 뒤같이도
이 노래를 그친 자가 누구뇨.

죽고 뼈만 남은,
죽음의 승리자 위인들!

-1933(17세). 12. 24.

내일은 없다
- 어린 마음이 물은 -

내일 내일 하기에
물었더니
밤을 자고 동틀 때
내일이라고

새날을 찾던 나는
잠을 자고 돌보니
그때는 내일이 아니라
오늘이더라.

무리여! 동무여!
내일은 없나니
....

1934(18세). 12. 24.

거리에서

달밤의 거리
광풍이 휘날리는
북국의 거리
도시의 진주
전등 밑을 헤엄치는,
쪼그만 인어 나.
달과 전등에 비쳐
한 몸에 둘셋의 그림자
커졌다 작아졌다.

괴롬의 거리
회색빛 밤거리를
걷고 있는 이 마음
선풍(旋風)이 일고 있네.
외로우면서도
한 갈피 두 갈피
피어나는 마음의 그림자
푸른 공상(空想)이
높아졌다 낮아졌다.

1935(19세). 1. 18.

공상

공상 —
내 마음의 탑
나는 말없이 이 탑을 쌓고 있다.
명예와 허영의 천공(天空)에다
무너질 줄도 모르고,
한 층 두 층 높이 쌓는다.

무한한 나의 공상 —
그것은 내 마음의 바다,
나는 두 팔을 펼쳐서
나의 바다에서
자유로이 헤엄친다.
황금, 지욕(知慾)의 수평선을 향하여.

1935년(19세) 10월 이전 추정.

꿈은 깨어지고

꿈은 눈을 떴다.
그윽한 유무(幽霧)에서

노래하는 종다리
도망쳐 날아 나고

지난날 봄 타령하던
금잔디 밭은 아니다.

탑은 무너졌다.
붉은 마음의 탑이 ——

손톱으로 새긴 대리석 탑이 ——
하루 저녁 폭풍에 여지없이도

오 —— 황폐의 쑥밭,
눈물과 목메임이여!

꿈은 깨어졌다.
탑은 무너졌다.

     1935(19세). 10. 27 탈고(1936. 7. 27 개작).

남쪽 하늘

제비는 두 나래를 가지었다.
시산한 가을날 ——

어머니의 젖가슴이 그리운
서리 나리는 저녁 ——
어린 영(靈)은 쪽나래¹의 향수를 타고
남쪽 하늘에 떠돌 뿐 ——

1935(19세). 10. 평양에서.

---

1) 작은 날개.

조개껍질
-바닷물 소리 듣고 싶어-

아롱아롱 조개껍데기
울 언니 바닷가에서
주워온 조개껍데기

여긴 여긴 북쪽나라요
조개는 귀여운 선물
장난감 조개껍데기

데굴데굴 굴리며 놀다
짝 잃은 조개껍데기
한 짝을 그리워하네

아롱아롱 조개껍데기
나처럼 그리워하네
물소리 바닷물 소리

1935(19세). 12. 봉수리(鳳岫里)에서.

고향집
- 만주에서 부른 -

헌 짚신짝 끄을고
    나 여기 왜 왔노.
두만강을 건너서
    쓸쓸한 이 땅에

남쪽 하늘 저 밑엔
    따뜻한 내 고향
내 어머니 계신 곳
    그리운 고향집.

1936(20세). 1. 6.

병아리

"뾰, 뾰, 뾰,
엄마 젖 좀 주."
병아리 소리.

"꺽, 꺽, 꺽,
오냐 좀 기다려"
엄마 닭 소리.

좀 있다가
병아리들은
엄마 품으로 다 들어갔지요.

1936(20세). 1. 6.

오줌싸개 지도

밧줄에 걸어논
요에다 그린 지도는
간밤에 내 동생
오줌 싸서 그린 지도

위에 큰 것은
꿈에 본 만주 땅
그 아래
길고도 가는 건 우리 땅.[2]

1936년(20세) 초(추정).

---

2) 『카톨릭소년』지 게재본은 제2연이 다음과 같다.

꿈에 가본 엄마 계신
별나라 지돈가
돈 벌러간 아빠 계신
만주땅 지돈가

창구멍

바람 부는 새벽에 장터 가시는
우리 아빠 뒷자취 보고 싶어서
침을 발라 뚫어논 작은 창구멍
아롱다롱 아침해 비치웁니다

눈 내리는 저녁에 나무 팔러간
우리 아빠 오시나 기다리다가
혀끝으로 뚫어논 작은 창구멍
살랑살랑 찬바람 날아듭니다.

1936년(20세) 초(추정).

기왓장 내외

비오는날 저녁에 기왓장내외
잃어버린 외아들 생각나선지
꼬부라진 잔등을 어루만지며
쭈룩쭈룩 구슬피 울음 웁니다.

대궐지붕 위에서 기왓장내외
아름답던 옛날이 그리워선지
주름잡힌 얼굴을 어루만지며
물끄러미 하늘만 쳐다봅니다.

1936년(20세) 초(추정).

비둘기

안아보고 싶게 귀여운
산비둘기 일곱 마리
하늘 끝까지 보일 듯이 맑은 주일날 아침에
벼를 거두어 빤빤한 논에서
앞을 다투어 요를[3] 주우며
어려운 이야기를 주고받으오.

날씬한 두 나래로 조용한 공기를 흔들어
두 마리가 나오.
집에 새끼 생각이 나는 모양이오.

1936(20세). 2. 10.

---

3) 모이를.

이별

눈이 오다, 물이 되는 날
잿빛 하늘에 또 뿌연 내, 그리고,
커다란 기관차는 빼 — 액 — 울며,
쪼그만, 가슴은, 울렁거린다.

이별이 너무 재빠르다, 안타깝게도,
사랑하는 사람을,
일터에서 만나자 하고 —
더운 손의 맛과, 구슬 눈물이 마르기 전
기차는 꼬리를 산굽[4]으로 돌렸다.

1936(20세). 3. 20.

---

4) 산기슭.

식권

식권(食券)은 하루 세 끼를 준다.

식모는 젊은 아이들에게
한 때 흰 그릇 셋을 준다.

대동강 물로 끓인 국
평안도 쌀로 지은 밥
조선의 매운 고추장

식권은 우리 배를 부르게.

1936(20세). 3. 20.

모란봉에서

앙당한⁵ 솔나무 가지에
훈훈한 바람의 날개가 스치고
얼음 섞인 대동강 물에
한나절 햇발이 미끄러지다.

허물어진 성터에서
철모르는 여아들이
저도 모를 이국말로
재잘대며 뜀을 뛰고

난데없는 자동차가 밉다.

1936(20세). 3. 24.

---

5) 모양이 어울리지 않게 작은.

황혼

햇살은 미닫이 틈으로
길쭉한 일 자(一字)를 쓰고 —— 지우고 ——

까마귀 떼 지붕 위로
둘, 둘, 셋, 넷, 자꾸 날아 지난다.
쑥쑥, 꿈틀꿈틀 북쪽 하늘로,

내사 ——
북쪽 하늘에 나래를 펴고 싶다.

1936(20세). 3. 25. 평양에서.

가슴 1

소리 없는 북
답답하면 주먹으로
뚜드려 보오.

그래 봐도
후 ——
가 —— 는 한숨보다 못하오.

1936(20세). 3. 25. 평양에서.

종달새

종달새는 이른 봄날
질디진 거리의 뒷골목이
싫더라.
명랑한 봄 하늘
가벼운 두 나래를 펴서
요염한 봄노래가
좋더라.
그러나
오늘도 구멍 뚫린 구두를 끌고
훌렁훌렁 뒷거리 길로
고기 새끼 같은 나는 헤매나니,
나래와 노래가 없음인가
가슴이 답답하구나

1936(20세). 3. 평양에서.

닭 1

한 간(間) 계사(鷄舍) 그 너머 창공이 깃들어
자유의 향토를 잊은 닭들이
시들은 생활을 주절대고,
생산의 고로(苦勞)를 부르짖었다.

음산한 계사에서 쏠려 나온
외래종 레그혼,
학원(學園)에서 새무리가 밀려나오는
삼월의 맑은 오후도 있다.

닭들은 녹아드는 두엄을 파기에
아담한 두 다리가 분주하고
굶주렸던 주두리가 바지런하다.
두 눈이 붉게 여물도록 —

1936년(20세) 봄.

산상(山上)

거리가 바둑판처럼 보이고,
강물이 배암의 새끼처럼 기는
산 위에까지 왔다.
아직쯤은 사람들이
바둑돌처럼 벌여 있으리라.

한나절의 태양이
함석지붕에만 비치고,
굼벵이 걸음을 하던 기차가
정거장에 섰다가 검은 내를 토하고
또, 걸음발을 탄다.[6]

텐트 같은 하늘이 무너져
이 거리 덮을까 궁금하면서
좀더 높은 데로 올라가고 싶다.

1936(20세). 5.

---

6) 걸음을 걷기 시작한다.

오후의 구장(球場)

늦은 봄 기다리던 토요일 날,
오후 세시 반의 경성(京城)행 열차는
석탄 연기를 자욱이 품기고
소리치고 지나가고

한 몸을 끄을기에 강하던
공이 자력(磁力)을 잃고
한 모금의 물이
불붙는 목을 축이기에
넉넉하다.
젊은 가슴의 피 순환이 잦고
두 철각(鐵脚)이 늘어진다.

검은 기차 연기와 함께
푸른 산이
아지랑이 저쪽으로
가라앉는다.

1936(20세). 5.

이런 날

사이좋은 정문의 두 돌기둥 끝에서
오색기(五色旗)[7]와 태양기(太陽旗)[8]가 춤을 추는 날
금을 그은 지역의 아이들이 즐거워하다.

아이들에게 하루의 건조한 학과로
해말간 권태가 깃들고
'모순(矛盾)' 두 자를 이해치 못하도록
머리가 단순하였구나.

이런 날에는
잃어버린 완고하던 형을
부르고 싶다.

1936(20세). 6. 10.

---

7) 만주사변 직후, 일제가 괴뢰국으로 세운 만주국의 깃발.
8) 일본 군부가 사용하던 일본 국기.

양지쪽

저쪽으로 황토 실은 이 땅 봄바람이
호인(胡人)의 물레바퀴처럼 돌아 지나고
아롱진 사월 태양의 손길이
벽을 등진 설운 가슴마다 올올이 만진다.

지도째기놀음[9]에 뉘 땅인 줄 모르는 애 둘이
한 뼘 손가락이 짧음을 한(恨)함이여.

아서라! 가뜩이나 엷은 평화가
깨어질까 근심스럽다.

1936년(20세) 봄.

---

9) 땅따먹기 놀이.

산림

시계가 자근자근 가슴을 때려
불안한 마음을 산림이 부른다.

천년 오랜 연륜에 짜들은 유적(幽寂)한 산림이
고달픈 한 몸을 포옹할 인연을 가졌나 보다.

산림의 검은 파동 위로부터
어둠은 어린 가슴을 짓밟는다.

발걸음을 멈추어
하나, 둘, 어둠을 헤아려본다
아득하다

문득 이파리 흔드는 저녁 바람에
쒜 —— 무섬이 옮아오고

멀리 첫여름의 개구리 재질댐에
흘러간 마을의 과거가 아질타.[10]

---

10) '아질하다'의 준말.

가지, 가지 사이로 반짝이는 별들만이
새날의 향연으로 나를 부른다.

1936(20세). 6. 26.

가슴 3

불 꺼진 화독을
안고 도는 겨울밤은 깊었다.

재만 남은 가슴이
문풍지 소리에 떤다.

1936(20세). 7. 24.

곡간(谷間)

산들이 두 줄로 줄달음질치고
여울이 소리쳐 목이 자졌다.
한여름의 햇님이 구름을 타고
이 골짜기를 빠르게도 건너련다.

산등아리에 송아지 뿔처럼
울뚝불뚝히 어린 바위가 솟고,
얼룩소의 보드러운 털이
산등서리에 퍼-렇게 자랐다.

삼 년 만에 고향 찾아드는
산골 나그네의 발걸음이
타박타박 땅을 고눈다.
벌거숭이 두루미 다리같이……

헌 신짝이 지팡이 끝에
모가지를 매달아 늘어지고,
까치가 새끼의 날발을 태우려[11]
푸르룩 저 산에 날 뿐 고요하다.

---

11) 날게 하려.

갓 쓴 양반 당나귀 타고 모른 척 지나고,
이 땅에 드물던 말 탄 섬나라 사람이
길을 묻고 지남이 이상한 일이다.
다시 골짝은 고요하다 나그네의 마음보다.

1936년(20세) 여름.

빨래

빨랫줄에 두 다리를 드리우고
흰 빨래들이 귓속 이야기 하는 오후,

쨍쨍한 칠월 햇발은 고요히도
아담한 빨래에만 달린다.

1936년(20세).

빗자루

요——리조리 베면 저고리 되고
이——렇게 베면 큰총 되지.
  누나하구 나하구
  가위로 종이 쏠았더니
  어머니가 빗자루 들고
  누나 하나 나 하나
  엉덩이를 때렸소
  방바닥이 어지럽다고——

  아니 아——니
  고놈의 빗자루가
  방바닥 쓸기 싫으니
  그랬지 그랬어
괘씸하여 벽장 속에 감췄더니
이튿날 아침 빗자루가 없다고
어머니가 야단이지요.

         1936(20세). 9. 9.

해비[12]

아씨처럼 내린다
보슬보슬 해비
맞아주자, 다 같이
    옥수숫대처럼 크게
    닷 자 엿 자 자라게
    해님이 웃는다
    나보고 웃는다.

하늘 다리 놓였다.
알롱알롱 무지개
노래하자, 즐겁게
    동무들아 이리 오나.
    다 같이 춤을 추자.
    해님이 웃는다.
    즐거워 웃는다.

1936(20세). 9. 9.

---

12) 여우비.

비행기

머리에 프로펠러가
연자간 풍채[13]보다
더—— 빨리 돈다.

땅에서 오를 때보다
하늘에 높이 떠서는
빠르지 못하다
숨결이 찬 모양이야.

비행기는 ——
새처럼 나래를
펄럭거리지 못한다.
그리고 늘 ——
소리를 지른다
숨이 찬가 봐.

1936년(20세) 10월 초.

---

13) 풍구.

가을밤

굿은비 내리는 가을밤
벌거숭이 그대로
잠자리에서 뛰쳐나와
마루에 쭈그리고 서서
아인 양하고
솨 —— 오줌을 싸오.

1936(20세). 10. 23.

굴뚝

산골짜기 오막살이 낮은 굴뚝엔
몽긔몽긔 웬 내굴[14] 대낮에 솟나.

감자를 굽는 게지, 총각 애들이
깜박깜박 검은 눈이 모여 앉아서
입술이 꺼멓게 숯을 바르고
옛이야기 한 커리[15]에 감자 하나씩

산골짜기 오막살이 낮은 굴뚝엔
살랑살랑 솟아나네 감자 굽는 내.

1936년(20세) 가을.

---

14) 내, 연기.
15) 켤레.

무얼 먹고 사나

바닷가 사람

물고기 잡아먹고 살고

산골엣 사람

감자 구워 먹고 살고

별나라 사람

무얼 먹고 사나.

1936(20세). 10.

봄 1

우리 애기는
아래 발치에서 코올코올

고양이는
가마목[16]에서 가릉가릉

애기 바람이
나뭇가지에 소올소올

아저씨 해님이
하늘 한가운데서 째앵째앵

1936(20세). 10.

---

16) 부뚜막.

개 1

눈 위에서
개가
꽃을 그리며
뛰오.

                                1936(20세). 12(추정).

편지

누나!
이 겨울에도
눈이 가득히 왔습니다.

흰 봉투에
눈을 한줌 넣고
글씨도 쓰지 말고
우표도 붙이지 말고
말쑥하게 그대로
편지를 부칠까요

누나 가신 나라엔
눈이 아니 온다기에.

1936(20세). 12(추정).

버선본

어머니!
누나 쓰다 버린 습자지는
두었다간 뭘 합니까?

그런 줄 몰랐더니
습자지에다 내 버선 놓고
가위로 오려
버선본 만드는 걸.

어머니!
내가 쓰다 버린 몽당연필은
두어둬서 뭘 합니까?

그런 줄 몰랐더니
천 위에다 버선본 놓고
침 발라 점을 찍곤
내 버선 만드는 걸.

1936년(20세) 12월 초.

이불[17]

지난밤에
눈이 소——복이 왔네
지붕이랑
길이랑 밭이랑
추워한다고
덮어주는 이불인가 봐

그러기에
추운 겨울에만 내리지

1936(20세). 12.

---

17) 윤동주 시인이 처음에 '이불'이라 했다가 '눈'으로 제목을 고쳤기에, 책에 따라 제목이 다르기도 함.

사과

붉은 사과 한 개를
아버지 어머니
누나, 나, 넷이서
껍질째로 송치[18]까지
다── 노나 먹었소.

1936(20세). 12(추정).

---

18) 속.

눈

눈이
새하얗게 와서
눈이
새물새물[19]하오.

1936(20세). 12(추정).

---

19) 소리 없이 자꾸 웃는 모양.

닭 2

─ 닭은 나래가 커도
　왜, 날잖나요
─ 아마 두엄 파기에
　홀[20], 잊었나 봐.

　　　　　　　　　　　　　　1936(20세). 12(추정).

---

20) 깜빡.

겨울

처마 밑에
시래기 다람이²¹
바삭바삭
춥소.

길바닥에
말똥 동그라미
달랑달랑
어오.

1936년(20세) 겨울.

---

21) 두름.

호주머니

넣을 것 없어
걱정이던
호주머니는

겨울만 되면
주먹 두 개 갑북갑북[22].

1936(20세). 12~1937(21세). 1(추정).

---

22) 가득가득.

황혼이 바다가 되어

하루도 검푸른 물결에
흐느적 잠기고…… 잠기고……

저 — 웬 검은 고기 떼가
물든 바다를 날아 횡단할꼬.

낙엽이 된 해초
해초마다 슬프기도 하오.

서창(西窓)에 걸린 해말간 풍경화.
옷고름 너어는[23] 고아의 설움

이제 첫 항해하는 마음을 먹고
방바닥에 나뒹구오 …… 뒹구오……

황혼이 바다가 되어
오늘도 수많은 배가
나와 함께 이 물결에 잠겼을 게오.

1937(21세). 1.

---

23) 씹는, 깨무는.

거짓부리

똑, 똑, 똑,
문 좀 열어주셔요
하룻밤 자고 갑시다
　　밤은 깊고 날은 추운데
　　거, 누굴까?
문 열어 주고 보니
검둥이의 꼬리가,
거짓부리한 걸.

꼬기요 꼬기요
달걀 낳았다
간난아! 어서 집어 가거라
　　간난이 뛰어가 보니,
　　닭알은 무슨 닭알.
고놈의 암탉이
대낮에 새빨간
거짓부리한 걸.

　　　　　　　　　　1937년(21세) 초(추정).

둘 다

바다도 푸르고
하늘도 푸르고

바다도 끝없고
하늘도 끝없고

바다에 돌 던져보고
하늘에 침 뱉어보오

바다는 벙글
하늘은 잠잠

둘 다 크기도 하오.

1937년(21세) 초(추정).

반딧불

가자, 가자, 가자,
숲으로 가자.
달 조각을 주우러
숲으로 가자.

그믐밤 반딧불은
부서진 달 조각

가자, 가자, 가자,
숲으로 가자.
달조각을 주우러
숲으로 가자.

1937년(21세) 초(추정).

밤

외양간 당나귀
아—ㅇ 앙 외마디 울음 울고,

당나귀 소리에
으—아 아 애기 소스라쳐 깨고,

등잔에 불을 다오.

아버지는 당나귀에게
짚을 한 키 담아 주고,

어머니는 애기에게
젖을 한 모금 먹이고,

밤은 다시 고요히 잠드오.

1937(21세). 3.

만돌이

만돌이가 학교에서 돌아오다가
전봇대 있는 데서
돌재기[24] 다섯 개를 주웠습니다.

전봇대를 겨누고
돌 첫 개를 뿌렸습니다.
— 딱 —
두 개째 뿌렸습니다.
— 아뿔싸 —
세 개째 뿌렸습니다.
— 딱 —
네 개째 뿌렸습니다.
— 아뿔싸 —
다섯 개째 뿌렸습니다.
— 딱 —

다섯 개에 세 개 —
그만하면 되었다.
내일 시험,

---

24) 돌.

다섯 문제에, 세 문제만 하면 ─
손꼽아 구구를 하여봐도
허양²⁵ 육십 점이다.
볼 거 있나 공 차러 가자.

그 이튿날 만돌이는
꼼짝 못하고 선생님한테
흰 종이를 바쳤을까요.
　　그렇잖으면 정말
　　육십 점을 맞았을까요.

　　　　　　　　　　　　　　1937(21세). 3(추정).

---

25) 거침없이 그냥.

나무

나무가 춤을 추면
　　바람이 불고,
나무가 잠잠하면
　　바람도 자오.

　　　　　　　　　　　　　　1937(21세). 3(추정).

달밤

흐르는 달의 흰 물결을 밀쳐
여윈 나무 그림자를 밟으며,
북망산을 향한 발걸음은 무거웁고
고독을 반려(伴侶)한 마음은 슬프기도 하다.

누가 있어만 싶은 묘지엔 아무도 없고,
정적(靜寂)만이 군데군데 흰 물결에 폭 젖었다.

1937(21세). 4. 15.

풍경

봄바람을 등진 초록빛 바다
쏟아질 듯 쏟아질 듯 위태롭다.

잔주름 치마폭의 두둥실거리는 물결은
오스라질듯 한끝 경쾌롭다.

마스트 끝에 붉은 깃발이
여인의 머리칼처럼 나부낀다.

*

이 생생한 풍경을 앞세우며 뒤세우며
온 하루 거닐고 싶다.

── 우중충한 오월 하늘 아래로,
── 바다 빛 포기 포기에 수놓은 언덕으로.

1937(21세). 5. 29.

한란계(寒暖計)

싸늘한 대리석 기둥에 모가지를 비틀어 맨 한란계
문득 들여다볼 수 있는 운명한 오 척 육 촌 허리 가는 수은주
마음은 유리관보다 맑소이다.

혈관이 단조로워 신경질인 여론동물(輿論動物),
가끔 분수 같은 냉(冷)침을 억지로 삼키기에
정력을 낭비합니다.

영하로 손가락질할 수돌네 방처럼 치운 겨울보다
해바라기 만발한 팔월 교정이 이상(理想)곺소이다[26].
피끓을 그날이 —

어제는 막 소낙비가 퍼붓더니 오늘은 좋은 날씨올시다.
동저고리 바람에 언덕으로, 숲으로 하시구려 —
이렇게 가만가만 혼자서 귓속 이야기를 하였습니다.
나는 또 내가 모르는 사이에 —

나는 아마도 진실한 세기의 계절을 따라,
하늘만 보이는 울타리 안을 뛰쳐

---

26) 이상인 듯싶소이다.

역사 같은 포지션을 지켜야 봅니다.[27]

1937(21세). 7. 1.

---

27) '지켜야 하나 봅니다'의 생략 표현.

그 여자

함께 핀 꽃에 처음 익은 능금은
먼저 떨어졌습니다.

오늘도 가을바람은 그냥 붑니다.

길가에 떨어진 붉은 능금은
지나던 손님이 집어갔습니다.

1937(21세). 7. 26.

소낙비

번개, 뇌성, 왁자지근 뚜드려
먼 도회지에 낙뢰가 있어만 싶다.

벼룻장[28] 엎어논 하늘로
살 같은 비가 살처럼 쏟아진다.

손바닥만 한 나의 정원이
마음같이 흐린 호수 되기 일쑤다.

바람이 팽이처럼 돈다.
나무가 머리를 이루 잡지 못한다.

내 경건한 마음을 모셔 들여
노아 때 하늘을 한 모금 마시다.

1937(21세). 8. 9.

---

28) 벼룻집.

비애

호젓한 세기(世紀)의 달을 따라
알 듯 모를 듯한 데로 거닐과저!

아닌 밤중에 튀기듯이
잠자리를 뛰쳐
끝없는 광야를 홀로 거니는
사람의 심사는 외로우려니

아 —— 이 젊은이는
피라미드처럼 슬프구나

1937(21세). 8. 18.

명상

가칠가칠한 너리칼은 오막살이 처마 끝,
휘파람에 콧마루가 서운한 양 간질키오[29].

들창 같은 눈은 가볍게 닫혀,
이 밤에 연정은 어둠처럼 골골히 스며드오.

1937(21세). 8. 20.

---

27) 간질거리오. 간지럼을 타오.

비로봉

만상을 굽어보기란 —

무릎이
오들오들 떨린다.

백화(白樺)
어려서 늙었다.

새가
나비가 된다

정말 구름이
비가 된다.

옷자락이
춥다.

1937(21세). 9.

바다

실어다 뿌리는
바람처럼 씨원타.

솔나무 가지마다 새츰히
고개를 돌리어 빼드러지고,

밀치고
밀치운다.

이랑을 넘는 물결은
폭포처럼 피어오른다.

해변에 아이들이 모인다
찰찰 손을 씻고 굽[30]으로

바다는 자꾸 설워진다.
갈매기의 노래에……

돌아다보고 돌아다보고

---

30) 북한 방언. 사물의 휘어늘어진 한쪽 구석.

돌아가는 오늘의 바다여!

1937(21세). 9. 원산 송도원에서.

산협(山峽)의 오후

내 노래는 오히려
설운 산울림.

골짜기 길에
떨어진 그림자는
너무나 슬프구나.

오후의 명상은
아 ─ 졸려.

1937(21세). 9.

창

쉬는 시간마다
나는 창 녘으로[31] 합니다.

── 창은 산 가르침

이글이글 불을 피워주소
이 방에 찬 것이 서립니다.

단풍잎 하나
맴도나 보니
아마도 자그마한 선풍(旋風)이 인 게외다.

그래도 싸느란 유리창에
햇살이 쨍쨍한 무렵
상학종(上學鐘)이 울어만 싶습니다.

1937(21세). 10.

---
31) 옆으로.

유언

훤한 방에
유언은 소리 없는 입놀림.

　　― 바다에 진주 캐러 갔다는 아들
　　해녀와 사랑을 속삭인다는 맏아들
　　이 밤에사 돌아오나 내다봐라 ―

평생 외롭던 아버지의 운명(殞命)
감기우는 눈에 슬픔이 어린다.

외딴 집에 개가 짖고
휘양찬 달이 문살에 흐르는 밤.

　　　　　　　　　　　　1937(21세). 10. 24.

산울림

까치가 울어서
산울림
아무도 못 들은
산울림

까치가 들었다
산울림
저 혼자 들었다
산울림

　　　　　　　　　　　　　1938(22세). 5.

비오는 밤

쏴 — 철석! 파도소리 문살에 부서져
잠 살포시 꿈이 흩어진다.

잠은 한낱 검은 고래 떼처럼 설레어,
달랠 아무런 재주도 없다.

불을 밝혀 잠옷을 정성스레 여미는
삼경(三更).
염원(念願).

동경(憧憬)의 땅 강남(江南)에 또 홍수(洪水)질 것만 싶어
바다의 향수(鄕愁)보다 더 호젓해진다.

1938. 6. 12.

사랑의 전당

순아 너는 내 전(殿)에 들어왔던 것이냐?
내사 언제 네 전에 들어갔던 것이냐?

우리들의 전당은
고풍한 풍습이 어린 사랑의 전당

순아 암사슴처럼 수정 눈을 내려 감아라.
난 사자처럼 엉클린 머리를 고르련다.

우리들의 사랑은 한낱 벙어리였다.

성스런 촛대에 열(熱)한 불이 꺼지기 전
순아 너는 앞문으로 내달려라.

어둠과 바람이 우리 창에 부닥치기 전
나는 영원한 사랑을 안은 채
뒷문으로 멀리 사라지련다.

이제
네게는 삼림 속의 아늑한 호수가 있고
내게는 준험한 산맥이 있다.

1938(22세). 6. 19.

이적(異蹟)

밭에 터분한[32] 것을 다 빼어버리고
황혼이 호수 위로 걸어오듯이
나도 사뿐사뿐 걸어보리이까?

내사 이 호숫가로
부르는 이 없이
불리어 온 것은
참말 이적이외다.

오늘 따라
연정(戀情), 자홀(自惚), 시기(猜忌), 이것들이
자꼬 금메달처럼 만져지는구려

하나, 내 모든 것을 여념 없이
물결에 씻어 보내려니
당신은 호면(湖面)으로 나를 불러내소서.

1938(22세). 6. 19.

---

32) 개운하지 아니한.

아우의 인상화(印象畵)

붉은 이마에 싸늘한 달이 서리어
아우의 얼굴은 슬픈 그림이다.

발걸음을 멈추어
살그머니 애띤 손을 잡으며
'너는 자라 무엇이 되려니?'

'사람이 되지.'
아우의 설운 진정코 설운 대답이다.

슬며 ― 시 잡았던 손을 놓고
아우의 얼굴을 다시 들여다본다.

싸늘한 달이 붉은 이마에 젖어,
아우의 얼굴은 슬픈 그림이다.

1938(22세). 9. 15.

코스모스

칭초한 코스모스는
오직 하나인 나의 아가씨

달빛이 싸늘히 추운 밤이면
옛 소녀가 못 견디게 그리워
코스모스 핀 정원으로 찾아간다.

코스모스는
귀또리 울음에도 수줍어지고

코스모스 앞에 선 나는
어렸을 적처럼 부끄러워지나니,

내 마음은 코스모스의 마음이요,
코스모스의 마음은 내 마음이다.

1938(22세). 9. 20.

고추밭

시든 잎새 속에서
고 빨——간 살을 드러내놓고,
고추는 방년(芳年)된 아가씬 양
땍볕에 자꾸 익어간다.

할머니는 바구니를 들고
밭머리에서 어정거리고
손가락 너어는 아이는
할머니 뒤만 따른다.

1938(22세). 10. 26.

햇빛·바람

손가락에 침 발라
쏙—ㄱ, 쏙, 쏙
장에 가는 엄마 내다보려
문풍지를
쏙—ㄱ, 쏙, 쏙

아침에 햇빛이 반짝,

손가락에 침 발라
쏙—ㄱ, 쏙, 쏙
장에 가신 엄마 돌아오나
문풍지를
쏙—ㄱ, 쏙, 쏙

저녁에 바람이 솔솔.

1938년(22세)(추정).

해바라기 얼굴

누나의 얼굴은
　해바라기 얼굴
해가 금방 뜨자
　일터에 간다.

해바라기 얼굴은
　누나의 얼굴
얼굴이 숙어 들어
　집으로 온다.

　　　　　　　　　　　1938년(22세)(추정).

애기의 새벽

우리 집에는
닭도 없단다.
다만
애기가 젖 달라 울어서
새벽이 된다.

우리 집에는
시계도 없단다.
다만
애기가 젖 달라 보채어
새벽이 된다.

1938년(22세)(추정).

귀뚜라미와 나와

귀뚜라미와 나와
잔디밭에서 이야기했다.

귀뚤귀뚤
귀뚤귀뚤

아무에게도 알려주지 말고
우리 둘만 알자고 약속했다.

귀뚤귀뚤
귀뚤귀뚤

귀뚜라미와 나와
달 밝은 밤에 이야기했다.

                        1938년경(22세)(추정).

달같이

연륜이 자라듯이
달이 자라는 고요한 밤에
달같이 외로운 사랑이
가슴 하나 뼈근히
연륜처럼 피어나간다.

                              1939(23세). 9.

장미 병들어

장미 병들어
옮겨놓을 이웃이 없도다.

달랑달랑 외로이
황마차(幌馬車)[33] 태워 산에 보낼거나

뚜—— 구슬피
화륜선[34] 태워 대양에 보낼거나.

프로펠러 소리 요란히
비행기 태워 성층권에 보낼거나

이것저것
다 그만두고

자라가는 아들이 꿈을 깨기 전
이 내 가슴에 묻어 다오.

1939(23세). 6.

---

33) 포장마차.
34) 기선(汽船).

투르게네프의 언덕

　나는 고갯길을 넘고 있었다 ─ 그때 세 소년 거지가 나를 지나쳤다.
　첫째 아이는 잔등에 바구니를 둘러메고, 바구니 속에는 사이다 병, 간즈매[35] 통, 쇳조각, 헌 양말짝 등 폐물이 가득하였다.
　둘째 아이도 그러하였다.
　셋째 아이도 그러하였다.
　텁수룩한 머리털, 시커먼 얼굴에 눈물 고인 충혈된 눈, 색 잃어 푸르스름한 입술, 너덜너덜한 남루, 찢겨진 맨발,
　아아, 얼마나 무서운 가난이 이 어린 소년들을 삼키었느냐!
　나는 측은한 마음이 움직이었다.
　나는 호주머니를 뒤지었다. 두툼한 지갑, 시계, 손수건 ─ 있을 것은 죄다 있었다.
　그러나 무턱대고 이것들을 내줄 용기는 없었다. 손으로 만지작만지작거릴 뿐이었다.
　다정스레 이야기나 하리라 하고 "애들아" 불러보았다.
　첫째 아이가 충혈된 눈으로 흘끔 돌아다볼 뿐이었다.
　둘째 아이도 그러할 뿐이었다.
　세째 아이도 그러할 뿐이었다.
　그리고는 너는 상관없다는 듯이 자기네끼리 소곤소곤 이야기

---

35) '통조림'의 일본어.

하면서 고개로 넘어갔다.

  언덕 위에는 아무도 없었다.

  짙어가는 황혼이 밀려들 뿐 ——

1939(23세). 9.

산골 물

괴로운 사람아 괴로운 사람아
옷자락 물결 속에서도
가슴속 깊이 돌돌 샘물이 흘러
이 밤을 더불어 말할 이 없도다.
거리의 소음과 노래 부를 수 없도다.
그신 듯이[36] 냇가에 앉았으니
사랑과 일을 거리에 맡기고
가만히 가만히
바다로 가자,
바다로 가자.

1939(23세). 9(추정).

---

36) 끌린 듯이.

팔복(八福)
― 마태복음 5장 3~12 ―

슬퍼하는 자는 복이 있나니
슬퍼하는 자는 복이 있나니
슬퍼하는 자는 복이 있나니
슬퍼하는 자는 복이 있나니
슬퍼하는 자는 복이 있나니
슬퍼하는 자는 복이 있나니
슬퍼하는 자는 복이 있나니
슬퍼하는 자는 복이 있나니

저희가 영원히 슬플 것이오.

1940(24세). 12(추정).

위로

　거미란 놈이 흉한 심보로 병원 뒤뜰 난간과 꽃밭 사이 사람 발이 잘 닿지 않는 곳에 그물을 쳐 놓았다. 옥외 요양을 받는 젊은 사나이가 누워서 쳐다보기 바르게 —

　나비가 한 마리 꽃밭에 날아들다 그물에 걸리었다. 노—란 날개를 파득거려도 파득거려도 나비는 자꾸 감기우기만 한다. 거미가 쏜살같이 가더니 끝없는 실을 뽑아 나비의 온 몸을 감아버린다. 사나이는 긴 한숨을 쉬었다.

　나(歲)[37]보담 무수한 고생 끝에 때를 잃고 병을 얻은 이 사나이를 위로할 말이 — 거미줄을 헝클어버리는 것밖에 위로의 말이 없었다.

1940(24세). 12. 3.

---

37) 나이.

못 자는 밤

하나, 둘, 셋, 네
....
밤은
많기도 하다.

                                    1941(25세). 6(추정).

제3부

'하늘과바람과별과詩'
편집 후 새로 쓴 시편

肝

바닷가 해빛 마른 바위우에
습한 肝을 펴서 말리우자.

코카사쓰山中에서 도맹해온 토끼처럼
둘러리를 빙빙 돌며 肝을 직히자.

내가 오래 기르든 여윈 독수리야!
와서 뜨더먹어라, 시름없이

너는 살지고
나는 여위여야지, 그러나,

거북이야!
다시는 龍宮의 誘惑에 않떠러진다.

푸로메디어쓰 불상한 푸로메디어쓰
불 도적한 죄로 목에 맷돌을 달고
끝없이 沈澱하는 푸로메드어쓰

(1941)(25세). 11. 29.

간

바닷가 햇빛 마른 바위 위에
습한 간을 펴서 말리우자.

코카사쓰 산중에서 도망해 온 토끼처럼
둘러리를 빙빙 돌며 간을 지키자.

내가 오래 기르던 여윈 독수리야!
와서 뜯어먹어라, 시름없이

너는 살지고
나는 야위어야지, 그러나,

거북이야!
다시는 용궁의 유혹에 안 떨어진다.

프로메테우스 불쌍한 프로메테우스
불 도적한 죄로 목에 맷돌을 달고
끝없이 침전하는 프로메테우스

(1941)(25세). 11. 29.

懺悔錄

파란 녹이 낀 구리 거울속에
내얼골이 남어있는 것은
어느 王朝의 遺物이기에
이다지도 욕될가.

나는 나의懺悔의 글을 한줄에 주리자.
―― 滿 二十四 年 一個月을
무슨 깁븜을 바라 살아왔든가

내일이나 모레나 그어느 즐거운날에
나는 또 한줄의 懺悔錄을 써야한다.
―― 그때그 젊은나이에
웨그런 부끄런 告白을 했든가.

밤이면 밤마다 나의거울을
손바닥으로 발바닥으로닦어보자.

그러면 어느 隕石밑우로 홀로거러가는
슬픈사람의 뒷모양이
거울속에 나타나온다.

(1942)(26세). 1. 24.

참회록

파란 녹이 낀 구리 거울 속에
내 얼굴이 남아 있는 것은
어느 왕조의 유물이기에
이다지도 욕될까.

나는 나의 참회의 글을 한 줄에 줄이자.
── 만 이십사 년 일개월을
무슨 기쁨을 바라 살아왔던가

내일이나 모레나 그 어느 즐거운 날에
나는 또 한 줄의 참회록을 써야 한다.
── 그때 그 젊은 나이에
왜 그런 부끄러운 고백을 했던가.

밤이면 밤마다 나의 거울을
손바닥으로 발바닥으로 닦아보자.

그러면 어느 운석 밑으로 홀로 걸어가는
슬픈 사람의 뒷모양이
거울 속에 나타나 온다.

(1942)(26세). 1. 24.

힌 그림자

黃昏이 지터지는 길모금[1]에서
하로종일 시드른 귀를 가만이 기우리면
땅검의 옴겨지는 발자취소리,

발자취소리를 들을수있도록
나는 총명했든가요.

이제 어리석게도 모든것을 깨다른 다음
오래 마음 깊은속에
괴로워하든수많은나를
하나, 둘 제고장으로 돌려보내면
거리모퉁이 어둠속으로
소리없이사라지는 힌그림자.

힌그림자들
연연히 사랑하든 힌그림자들,

내모든것을 돌려보낸뒤
허전히 뒷골목을 돌아

---

1) 길목.

黃昏처럼 물드는 내방으로 돌아오면

信念이 깊은 으젓한 羊처럼
하로 종일 시름없이 풀포기나 뜯자.

(1942)(26세). 4. 14.

흰 그림자

황혼이 짙어지는 길모금에서
하루 종일 시든 귀를 가만히 기울이면
땅거미 옮겨지는 발자취 소리,

발자취 소리를 들을 수 있도록
나는 총명했던가요.

이제 어리석게도 모든 것을 깨달은 다음
오래 마음 깊은 속에
괴로워하던 수많은 나를
하나, 둘 제 고장으로 돌려보내면
거리 모퉁이 어둠 속으로
소리 없이 사라지는 흰 그림자.

흰 그림자들
연연히 사랑하던 흰 그림자들,

내 모든 것을 돌려보낸 뒤
허전히 뒷골목을 돌아
황혼처럼 물드는 내 방으로 돌아오면

신념이 깊은 의젓한 양처럼
하루 종일 시름없이 풀포기나 뜯자.

(1942)(26세). 4. 14.

흐르는 거리

으스럼이 안개가 흐른다, 거리가 흘러간다.

저 電車, 自動車, 모든 바퀴가 어디로 흘리워 가는 것일가? 定泊할 아무 港口도없이, 가련한 많은 사람들을 싣고서, 안개속에 잠긴 거리는,

거리모퉁이 붉은 포스트상자를 붓잡고, 서슬라면 모든 것이 흐르는속에 어렴푸시 빛나는 街路燈, 꺼지지않는 것은 무슨象徵일까? 사랑하는동무 朴이여! 그리고 金이여! 자네들은 지금 어디 있는가? 끝없이 안개가 흐르는데,

"새로운날아츰 우리 다시 情답게 손목을잡어 보세" 몇字 적어 포스트속에 떠러트리고, 밤을 새워 기다리면 金徽章에 金단추를 삐엿고[2] 巨人처럼 찬란히 나타나는 配達夫, 아츰과 함께 즐거운 來臨,

이밤을 하욤없이 안개가 흐른다.

(1942)(26세). 5. 12.

---

2) 끼웠고.

흐르는 거리

으스름히 안개가 흐른다, 거리가 흘러간다.
저 전차, 자동차, 모든 바퀴가 어디로 흘리워 가는 것일까? 정박할 아무 항구도 없이, 가련한 많은 사람들을 싣고서, 안개 속에 잠긴 거리는,

거리 모퉁이 붉은 포스트 상자를 붙잡고, 섰을라면 모든 것이 흐르는 속에 어렴풋이 빛나는 가로등, 꺼지지 않는 것은 무슨 상징일까? 사랑하는 동무 박이여! 그리고 김이여! 자네들은 지금 어디 있는가? 끝없이 안개가 흐르는데,

"새로운 날 아침 우리 다시 정답게 손목을 잡아보세." 몇 자 적어 포스트 속에 떨어트리고, 밤을 새워 기다리면 금휘장에 금단추를 삐었고 거인처럼 찬란히 나타나는 배달부, 아침과 함께 즐거운 내림,

이 밤을 하염없이 안개가 흐른다.

(1942)(26세). 5. 12.

사랑스런 追憶

봄이오든 아츰, 서울 어느 쪼그만 停車場에서
希望과 사랑처럼汽車를 기다려,
나는 푸라트·홈에 간신한그림자를터러트리고,
담배를 피웠다.

내 그림자는 담배 연기 그림자를날리고,
비둘기 한떼가 부끄러울것도없이
나래속을 속, 속, 햇빛에빛위, 날었다.

汽車는 아무새로운소식도없이
나를 멀리 실어 다 주어,
봄은 다 가고 —— 東京郊外어느조용한下宿房에서, 옛 거리에남은나를
希望과 사랑처럼 그리워한다.

오늘도 汽車는몇번이나 無意味하게지나가고,

오늘도 나는 누구를기다려 停車場 가차운 언덕에서 서성거릴게다.
—— 아아 젊음은 오래 거기 남어있거라.

(1942)(26세). 5. 13.

사랑스런 추억

봄이 오든 아침, 서울 어느 쪼그만 정거장에서
희망과 사랑처럼 기차를 기다려,

나는 플랫폼에 간신한³ 그림자를 떨어트리고,
담배를 피웠다.

내 그림자는 담배 연기 그림자를 날리고,
비둘기 한 떼가 부끄러울 것도 없이
나래 속을 속, 속, 햇빛에 비춰, 날었다.

기차는 아무 새로운 소식도 없이
나를 멀리 실어다 주어,

봄은 다 가고 —— 동경 교외 어느 조용한 하숙방에서, 옛 거리에 남은 나를 희망처럼 사랑처럼 그리워한다.

오늘도 기차는 몇 번이나 무의미하게 지나가고,
오늘도 나는 누구를 기다려 정거장 가차운 언덕에서 서성거릴 게다.

—— 아아 젊음은 오래 거기 남아 있거라.

(1942)(26세). 5. 13.

---

3) 힘들고 고생스러운.

쉽게씨워진詩

窓밖에 밤비가 속살서려
六疊房은남의나라,

詩人이란 슬픈天命인줄알면서도
한줄詩를 적어 볼가.

땀내와 사랑내 포그니 품긴
보내주신 學費封套를받어

大學노─트를 끼고
늙은 敎授의 講義 들으려간다.

생각해보면 어린때동무를
하나, 둘, 죄다 잃어버리고

나는 무얼 바라
나는 다만, 홀로 沈澱하는것일가?

人生은 살기어렵다는데
詩가 이렇게 쉽게 씌워지는것은
부끄러운 일이다.

六疊房은 남의나라,
窓밖에 밤비가속살거리는데,

등불을 밝혀 어둠을 조곰 내몰고,
時代처럼 올 아츰을 기다리는 最後의 나,

나는 나에게 적은 손을 내밀어
눈물과 慰安으로잡는 最初의 握手.

1942(26세). 6. 3.

쉽게 씌어진 시

창밖에 밤비가 속살거려
육첩방[4]은 남의 나라,

시인이란 슬픈 천명인 줄 알면서도
한 줄 시를 적어 볼까.

땀내와 사랑 내 포근히 품긴
보내 주신 학비 봉투를 받아

대학 노―트를 끼고
늙은 교수의 강의를 들으러 간다.

생각해 보면 어린 때 동무를
하나, 둘, 죄다 잃어버리고

나는 무얼 바라
나는 다만, 홀로 침전하는 것일까?

인생은 살기 어렵다는데

---

4) 일본식 돗자리인 '다다미' 여섯 장을 깔아놓을 만한 방.

시가 이렇게 쉽게 씌어지는 것은
부끄러운 일이다.

육첩방은 남의 나라,
창밖에 밤비가 속살거리는데,

등불을 밝혀 어둠을 조금 내몰고,
시대처럼 올 아침을 기다리는 최후의 나,

나는 나에게 작은 손을 내밀어
눈물과 위안으로 잡는 최초의 악수.

1942(26세). 6. 3.

봄 2

봄이 血管 속에 시내처럼 흘러
돌, 돌, 시내가차운 언덕에
개나리, 진달래, 노──란 배추꽃,

三冬을 참어온 나는
풀포기 처럼 피여난다.

즐거운 종달새야
어느 이랑에서나 즐거웁게 솟처라.

푸르른 하늘은
아른, 아른, 높기도 한데………

1942. 6(추정).

봄 2

봄이 혈관 속에 시내처럼 흘러
돌, 돌, 시내 가까운 언덕에
개나리, 진달래, 노——란 배추꽃,

삼동을 참아온 나는
풀포기처럼 피어난다.

즐거운 종달새야
어느 이랑에서나 즐거웁게 솟쳐라.

푸르른 하늘은
아른, 아른, 높기도 한데………

1942. 6(추정).

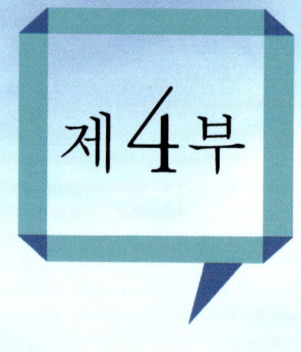

미완성·삭제 시편

* 띄어쓰기와 맞춤법만 현행대로, 여타는 원전대로 함.

창공

그 여름날
열정의 포플러는
오려는 창공의 푸른 젖가슴을
어루만지려
팔을 펼쳐 흔들거렸다
끓는 태양 그늘 좁다란 지점에서

천막 같은 하늘 밑에서
떠들던 소나기, 그리고 번개를
춤추던 구름은 이끌고
남방(南方)으로 도망가고
높다랗게 창공은, 한 폭으로
가지 위에 퍼지고
둥근달과 기러기를 불러왔다.

푸드른[1] 어린 마음이 이상에 타고
그의 동경(憧憬)의 날 가을에
조락의 눈물을 비웃다

1935(19세). 10. 20. 평양에서.

---

1) '푸른'에 생동감을 더한 말.

가슴 2

늦은 가을 쓰르라미
숲에 쌔워 공포에 떨고,

웃음 웃는 흰 달 생각이
도망가오.

1935(19세). 3. 25.

참새

앞마당을 백로지인 것처럼
참새들이 글씨 공부하지요.

짹, 짹, 입으론 부르면서
두 발로는 글씨 공부하지요.

하루 종일 글씨 공부하여도
짹 자 한 자밖에 더 못 쓰는 걸.

1936(20세). 12.

아침

획, 획, 획 소꼬리가 부드러운 채찍질로 어둠을 쫓아
캄, 캄, 캄, 어둠이 깊다 깊다 밝으오.

이제 이 동리의 아침이
풀살 오른 소 엉덩이처럼 기름지오.
이 동리 콩죽 먹는 사람들이
땀물을 뿌려 이 여름을 자래웠소[2].

잎, 잎, 풀잎마다 땀방울이 맺혔소
여보! 여보! 이 모든 것을 아오.

1936년(20세).

---

2) 자라게 하였소.

할아버지

왜떡이 씁은데도
자꾸 달다고 하오.

                                    1937(21세). 3. 10.

개 2

"이 개 더럽잖니?"
아—니 이웃집 덜렁수캐[3]가
오늘 어슬렁어슬렁 우리집으로 오더니
우리집 바둑이의 밑구멍에다 코를 대고
씩씩 내를 맡겠지 더러운 줄도 모르고,
보기 흉해서 막 차며 욕해 쫓았더니
꼬리를 휘휘 저으며
너희들보다 어떻겠냐 하는 상으로
뛰어가겠지요 나 — 참.

1937(21세). 봄(추정).

---

3) 한곳에 가만히 있지 못하고 이리저리 돌아다니기를 좋아하는 개.

장

이른 아침 아낙네들은 시는 생활을
바구니 하나 가득 담아 이고……
업고 지고…… 안고 들고……
모여드오 자꾸 장에 모여드오.

가난한 생활을 골골이 벌여놓고
밀려가고, 밀려오고……
저마다 생활을 외치오…… 싸우오.

온 하루 올망졸망한 생활을
되질하고 저울질하고 자질하다가
날이 저물어 아낙네들이
쓴 생활과 바꾸어 또 이고 돌아가오.

1937(21세). 봄.

울적

처음 피워본 담배 맛은
아침까지 목 안에서 간질간질타.

어젯밤에 하도 울적하기에
가만히 한 대 피워 보았더니.

1937(21세). 6.

야행(夜行)

정각! 마음이 아픈 데 있어 고약을 붙이고
시든 다리를 끄을고 떠나는 행장,
— 기적이 들리잖게 운다.
사랑스런 여인이 타박타박 땅을 굴러 쫓기에
하도 무서워 상가교(上架橋)[4]를 기어 넘다.
— 이제로부터 등산 철도.
이윽고 사색의 포플러 터널로 들어간다.
시라는 것은 반추하다 마땅히 반추하여야 한다.
— 저녁 연기가 놀로 된 이후.
휘파람 부는 햇귀뚜라미의
노래는 마디마디 끊어져
그믐달처럼 호젓하게 슬프다.
늬는 노래 배울 어머니도 아버지도 없나 보다
— 늬는 다리 가는 쪼그만 보헤미안.
내사 보리밭 동리에 어머니도
누나도 있다.
그네는 노래 부를 줄 몰라
오늘밤도 그윽한 한숨으로 보내리니 —
그믐달아! 나와 같이 다음 날 아침에 도착하자!

1937(21세). 7. 26.

---

4) 구름다리.

비 뒤

"어 —— 얼마나 반가운 비냐"
할아버지의 즐거움.

가뭄 들었던 곡식 자라는 소리
할아버지 담배 빠는 소리와 같다.

비 뒤의 햇살은
품잎에 아름답기도 하다.

1937(21세). 7~8월(추정).

어머니

어머니!
젖을 빨려 이 마음을 달래어 주시오.
이 밤이 자꾸 설워지나이다.

아 아이는 턱에 수염자리 잡히도록
무엇을 먹고 자랐나이까?
오늘도 흰 주먹이
입에 그대로 물려 있나이다.

어머니
부서진 납인형도 싫어진 지
벌써 오랩니다.

철비[5]가 후누주군이 내리는 이 밤을
주먹이나 빨면서 새우리까?
어머니! 그 어진 손으로
이 울음을 달래어 주시오.

1938(21세). 5. 28.

---

5) 철 따라 내리는 비.

부록

윤동주의 산문

* 띄어쓰기와 맞춤법만 현행대로, 여타는 원전대로 함.

달을 쏘다

　번거롭던 사위(四圍)가 잠잠해지고 시계(時計)소리가 또렷하나 보니 밤은 저윽히 깊을 대로 깊은 모양이다. 보던 책자(冊子)를 책상(冊床)머리에 밀어놓고 잠자리를 수습한 다음 잠옷을 걸치는 것이다. '딱' 스위치 소리와 함께 전등(電燈)을 끄고 창(窓) 옆의 침대(寢臺)에 드러누우니 이때까지 밝은 휘황한 달밤이었던 것을 감각(感覺)치 못하였댔다. 이것도 밝은 전등(電燈)의 혜택(惠澤)이었을까.

　나의 누추(陋醜)한 방(房)이 달빛에 잠겨 아름다운 그림이 된다는 것보다도 오히려 슬픈 선창(船艙)이 되는 것이다. 창살이 이마로부터 콧마루, 입술 이렇게 해서 가슴에 여민 손등에까지 어른거려 나의 마음을 간지르는 것이다. 옆에 누운 분의 숨소리에 방(房)은 무시무시해진다. 아이처럼 황황해지는 가슴에 눈을 치떠서 밖을 내다보니 가을하늘은 역시 맑고 우거진 송림(松林)은 한 폭의 묵화(墨畵)다. 달빛은 솔가지에 솔가지에 쏟아져 바람인양 쏴—소리가 날 듯하다. 들리는 것은 시계(時計)소리와 숨소리와 귀뚜리 울음뿐 벅적하던 기숙사(奇宿舍)도 절간보다 더 한층 고요한 것이 아니냐?

　나는 깊은 사념(思念)에 잠기우기 한창이다. 딴은 사랑스런 아가씨를 사유(私有)할 수 있는 아름다운 상화(想華)[1]도 좋고, 어릴 적 미련(未練)을 두고 온 고향(故鄕)에의 향수(鄕愁)도 좋거니와 그보다 손쉽게 표현(表現) 못할 심각(深刻)한 그 무엇이 있다.

바다를 건너온 H군(君)의 편지사연을 곰곰 생각할수록 사람과 사람 사이의 감정(感情)이란 미묘(微妙)한 것이다. 감상적(感傷的)인 그에게도 필연(必然)코 가을은 왔나보다.

편지는 너무나 지나치지 않았던가 그 중(中) 한 토막,

'군(君)아! 나는 지금 울며 울며 이 글을 쓴다. 이 밤도 달이 뜨고, 바람이 불고, 인간(人間)인 까닭에 가을이란 흙냄새도 안다. 정(情)의 눈물 따뜻한 예술학도(芸術學徒)였던 정(情)의 눈물도 이 밤이 마지막이다.'

또 마지막 켠으로 이런 구절(句節)이 있다.

'당신은 나를 영원(永遠)히 쫓아버리는 것이 정직(正直)할 것이오.'

나는 이 글의 뉘앙스를 해득(解得)할 수 있다. 그러나 사실(事實) 나는 그에게 아픈 소리 한 마디 한 일이 없고 설운 글 한 쪽 보낸 일이 없지 아니한가. 생각건대 이 죄(罪)는 다만 가을에게 지워 보낼 수밖에 없다.

홍안서생(紅顏書生)으로 이런 단안(斷案)을 내리는 것은 외람한 일이나 동무란 한낱 괴로운 존재(存在)요 우정(友情)이란 진정코 위태로운 잔에 또 넣은 물이다. 이 말을 반대(反對)할 자(者) 누구랴. 그러나 지기(知己) 하나 얻기 힘든다 하거늘 알뜰한 동무 하나 잃어버린다는 것이 살을 베어내는 아픔이다.

---

1) '생각'의 뜻으로 쓰인 듯함.

나는 나를 정원(庭園)에서 발견(發見)하고 창(窓)을 넘어 나왔다든가 방문(房門)을 열고 나왔다든가 왜 나왔느냐 하는 어리석은 생각에 두뇌(頭腦)를 괴롭게 할 필요(必要)는 없는 것이다. 다만 귀뚜라미 울음에도 수줍어지는 코스모스 앞에 그윽히 서서 닥터 빌링스[2]의 동상(銅像) 그림자처럼 슬퍼지면 그만이다. 나는 이 마음을 아무에게나 전가(轉嫁)시킬 심보는 없다. 옷깃은 민감(敏感)이어서 달빛에도 싸늘히 추워지고 가을 이슬이란 선득선득하여서 설운 사나이의 눈물인 것이다.

발걸음은 몸뚱이를 옮겨 못가에 세워줄 때 못 속에도 역시 가을이 있고, 삼경(三更)이 있고 나무가 있고, 달이 있다.(달이 있고—)

그 찰나(刹那) 가을이 원망(怨望)스럽고 달이 미워진다. 더듬어 돌을 찾아 달을 향(向)하여 죽어라고 팔매질을 하였다. 통쾌(痛快)! 달은 산산(散散)히 부서지고 말았다. 그러나 놀랐던 물결이 잦어들 때 오래잖아 달은 도로 살아난 것이 아니냐, 문득 하늘을 쳐다보니 얄미운 달은 머리 위에서 빈정대는 것을 —

나는 곳곳한 나무가를 고나 띠를 째서[3] 줄을 매워 훌륭한 활을 만들었다. 그리고 좀 탄탄한 갈대로 화살을 삼아 무사(武士)의 마음을 먹고 달을 쏘다. —끝—

조선일보 1939년(23세) 1월 23일자에 발표.

---

2) B.W. Billings(1881년생). 한국명은 변영서(邊永瑞). 미국 감리교 목사. 선교사. 교육자. 1908년 내한하여 연희전문 교수로 재직했고, 광성고등보통학교 3대 교장을 역임(1911), 일제 제암리교회 방화 및 신도 집단 학살 사건 교계 조사단의 일원으로 참여하기도 했다(1919). 최초의 시 동인지《장미촌》의 발행인이기도 하다.
3) 가닥지게 해서.

별똥 떨어진 데

밤이다.

하늘은 푸르다 못해 농회색(濃灰色)으로 캄캄하나 별들만은 또렷또렷 빛난다. 침침한 어둠뿐만 아니라 오삭오삭 춥다. 이 육중한 기류(氣流) 가운데 자조(自嘲)하는 한 젊은이가 있다. 그를 나라고 불러두자.

나는 이 어둠에서 배태(胚胎)되고 이 어둠에서 생장(生長)하여서 아직도 이 어둠 속에 그대로 생존(生存)하나 보다. 이제 내가 갈 곳이 어딘지 몰라 허우적거리는 것이다. 하기는 나는 세기(世紀)의 초점(焦点)인 듯 초췌(憔悴)하다. 얼핏 생각하기에는 내 바닥을 반듯이 받들어 주는 것이 없고 그렇다고 내 머리를 갑박이[4] 내려 누르는 아무 것도 없는 듯하다만은 내막(內幕)은 그렇지도 않다. 나는 도무 자유(自由)스럽지 못하다. 다만 나는 없는 듯 있는 하루살이처럼 허공(虛空)에 부유(浮遊)하는 한 점(点)에 지나지 않는다. 이것이 하루살이처럼 경쾌(輕快)하다면 마침 다행(多幸)할 것인데 그렇지를 못하구나!

이 점(点)의 대칭위치(對稱位置)에 또 하나 다른 밝음(明)의 초

---

4) 가뜩.

점(焦点)이 도사리고 있는 듯 생각된다. 덥석 움키었으면 잡힐 듯도 하다.

만은 그것을 휘잡기에는 나 자신(自身)이 둔질(鈍質)이라는 것보다 오히려 내 마음에 아무런 준비(準備)도 배포치 못한 것이 아니냐. 그러고 보니 행복(幸福)이란 별스런 손님을 불러들이기에도 또 다른 한 가닭 구실을 치르지 않으면 안 될까 보다.

이 밤이 나에게 있어 어린 적처럼 한낱 공포(恐佈)의 장막인 것은 벌써 흘러간 전설(傳說)이요, 따라서 이 밤이 향락(享樂)의 도가니라는 이야기도 나의 염두(念頭)에선 아직 소화(消火)시키지 못 할 돌덩이다. 오로지 밤은 나의 도전(挑戰)의 호적(好敵)이면 그만이다.

이것이 생생한 관념세계(觀念世界)에만 머무른다면 애석한 일이다. 어둠속에 깜박깜박 조을며 다닥다닥 나란한 한 초가(草家)들이 아름다운 시(詩)의 화사(華詞)가 될 수 있다는 것은 벌써 지나간 제네레션의 이야기요, 오늘에 있어서는 다만 말 못하는 비극(悲劇)의 배경(背景)이다.

이제 닭이 홰를 치면서 맵짠 울음을 뽑아 밤을 쫓고 어둠을 줏내몰아 동편으로 훠—ㄴ히 새벽이란 새로운 손님을 불러온다 하자. 하나 경망(輕妄)스럽게 그리 반가워할 것은 없다. 보아라 가령(假令) 새벽이 왔다 하더라도 이 마을은 그대로 암담(暗澹)하고 나도 그대로 암담(暗澹)하고 하여서 너나 나나 이 가랑지길[5]에서 주저(躊躇) 주저(躊躇) 아니치 못할 존재(存在)들이 아니냐.

---

5) 갈림길.

나무가 있다.

그는 나의 오랜 이웃이요, 벗이다. 그렇다고 그와 내가 성격(性格)이나 환경(環境)이나 생활(生活)이 공통(共通)한 데 있어서가 아니다. 말하자면 극단(極端)과 극단(極端) 사이에도 애정(愛情)이 관통(貫通)할 수 있다는 기적적(奇蹟的)인 교분(交分)의 한 표본(標本)에 지나지 못할 것이다.

나는 처음 그를 퍽 불행(不幸)한 존재(存在)로 가소롭게 여겼다. 그의 앞에 설 때 슬퍼지고 측은(惻隱)한 마음이 앞을 가리곤 하였다. 많은 오늘 돌이켜 생각컨대 나무처럼 행복(幸福)한 생물(生物)은 다시 없을 듯하다. 굳음에는 이루 비길 데 없는 바위에도 그리 탐탁치는 못할망정 자양분(滋養分)이 있다 하거늘 어디로 간들 생(生)의 뿌리를 박지 못하며 어디로 간들 생활(生活)의 불평(不平)이 있을소냐, 칙칙하면 솔솔 솔바람이 불어오고, 심심하면 새가 와서 노래를 부르다 가고, 출출하면 한줄기 비가 오고, 밤이면 수(數) 많은 별들과 오순도순 이야기할 수 있고―― 보다 나무는 행동(行動)의 방향(方向)이란 거추장스런 과제(課題)에 봉착(逢着)하지 않고 인위적(人爲的)으로든 우연(偶然)으로서든 탄생(誕生)시켜 준 자리를 지켜 무진무궁(無盡無窮)한 영양소(營養素)를 흡취(吸取)하고 영롱(玲瓏)한 햇빛을 받아들여 손쉽게 생활(生活)을 영위(營爲)하고 오로지 하늘만 바라고 뻗어질 수 있는 것이 무엇보다 행복(幸福)스럽지 않으냐.

이 밤도 과제(課題)를 풀지 못하여 안타까운 나의 마음에 나무의 마음이 점점(漸漸) 옮아오는 듯하고, 행동(行動)할 수 있는 자랑을 자랑치 못함에 뼈저리는 듯하나 나의 젊은 선배(先輩)의 웅변(雄

辯)이 왈(曰) 선배(先輩)도 믿지 못할 것이라니 그러면 영리(怜悧)한 나무에게 나의 방향(方向)을 물어야 할 것인가.

　어디로 가야 하느냐, 동(東)이 어디냐, 서(西)가 어디냐, 남(南)이 어디냐, 북(北)이 어디냐, 어라! 저 별이 번쩍 흐른다. 별똥 떨어진 데가 내가 갈 곳인가 보다. 하면 별똥아! 꼭 떨어져야 할 곳에 떨어져야 한다.

1939년(23세)(추정).

화원(花園)에 꽃이 핀다

 개나리, 진달래, 앉은뱅이[6], 라일락 민들레 찔레 복사 들장미 해당화 모란 릴릭 창포 튤립 카네이션 봉선화 백일홍 채송화 달리아 해바라기 코스모스 —— 코스모스가 홀홀히 떨어지는 날 우주(宇宙)의 마지막은 아닙니다. 여기에 푸른 하늘이 높아지고, 빨간 노란 단풍이 꽃에 못지않게 가지마다 물들었다가 귀뚜리 울음이 끊어짐과 함께 단풍의 세계가 무너지고, 그 위에 하룻밤 사이에 소복이 흰 눈이 내려, 싸이고 화로(火爐)에는 빨간 숯불이 피어오르고 많은 이야기와 많은 일이 이 화롯가에서 이루어집니다.
 독자제현(讀者諸賢)! 여러분은 이 글이 쓰여지는 때를 독특(獨特)한 계절(季節)로 짐작해서는 아니됩니다. 아니, 봄, 여름, 가을, 겨울, 어느 철로나 상정(想定)하셔도 무(無)방합니다. 사실 일년(一年) 내내 봄일 수는 없습니다. 하나 이 화원(花園)에는 사철 내 봄이 청춘(靑春)들과 함께 싱싱하게 등대하여 있다고 하면 과분(過分)한 자기선전(自己宣傳)일까요. 하나의 꽃밭이 이루어지도록 손쉽게 되는 것이 아니라 고생과 노력(勞力)이 있어야 하는 것입니다. 따는 얼마의 단어(單語)를 모아 이 졸문(拙文)을 지적거리는

---

6) 제비꽃.

데도 내 머리는 그렇게 명석(明晳)한 것은 못 됩니다. 한 해 동안을 내 두뇌(頭腦)로서가 아니라 몸으로서 일일이 헤아려 세포(細胞) 사이마다 조직해 두어서야 겨우 몇 줄의 글이 이루어집니다. 그리하여 나에게 있어 글을 쓴다는 것이 그리 즐거운 일일 수는 없습니다. 봄바람의 고민(苦悶)에 짜들고, 녹음(綠陰)의 권태(倦怠)에 시들고, 가을하늘 감상(感傷)에 울고, 노변(爐邊)의 사색(思索)에 졸다가 이 몇 줄의 글과 나의 화원(花園)과 함께 나의 일년(一年)은 이루어집니다.

  시간을 먹는다는(이 말의 의의(意義)와 이 말의 묘미(妙味)는 칠판 앞에 서 보신 분과 칠판 밑에 앉아 보신 분은 누구나 아실 것입니다) 그것은 확실(確實)히 즐거운 일임에 틀림없습니다. 하루를 휴강(休講)한다는 것보다(하긴 슬그머니 까먹어버리면 그만이지만), 다만 한 시간, 예습(豫習), 숙제(宿題)를 못 해왔다든가, 따분하고 졸리고 한 때, 한 시간의 휴강(休講)은 진실로 살로 가는 것이어서, 만일(萬一) 교수(敎授)가 불편(不便)하여서 못 나오셨다고 하더라도 미처 우리들의 예의(禮儀)를 갖출 사이가 없는 것입니다. 그러나 이것을 우리들의 망발과 시간(時間)의 낭비(浪費)라고 속단(速斷)하셔서 아니 됩니다. 여기에 화원(花園)이 있습니다. 한 포기 푸른 풀과 한 떨기의 붉은 꽃과 함께 웃음이 있습니다. 노―트장을 적시는 것보다. 우한충동(牛汗充棟)에 묻혀 글줄과 씨름하는 것보다, 더 명확(明確)한 진리(眞理)를 탐구(探求)할 수 있을는지, 보다 더 많은 지식(知識)을 획득(獲得)할 수 있을는지, 보다 더 효과적(效果的)인 성과(成果)가 있을지를 누가 부인(否認)하겠습니까.

나는 이 귀(貴)한 시간(時間)을 슬그머니 동무들을 떠나서 단 혼자 화원(花園)을 거닐 수 있습니다. 단 혼자 꽃들과 풀들과 이야기할 수 있다는 것이 얼마나 다행(多幸)한 일이겠습니까. 참말 나는 온정(溫情)으로 이들을 대할 수 있고 그들은 웃음으로 나를 맞아줍니다. 그 웃음을 눈물로 대(對)한다는 것은 나의 감상(感傷)일까요. 고독(孤獨), 정적(靜寂)도 확실(確實)히 아름다운 것임에 틀림이 없으나, 여기에 또 서로 마음을 주는 동무가 있는 것도 다행(多幸)한 일이 아닐 수 없습니다. 우리 화원(花園) 속에 모인, 동무들 중에, 집에 학비(學費)를 청구(請求)하는 편지를 쓰는 날 저녁이면 생각하고 생각하던 끝 겨우 몇 줄 써 보낸다는 A군(君), 기뻐해야 할 서류(書留)(통칭 월급봉투[通稱月給封套])를 받아든 손이 떨린다는 B군(君), 사랑을 위(爲)하여서는 밥맛을 잃고 잠을 잊어버린다는 C군(君), 사상적(思想的) 당착(撞着)에 자살(自殺)을 기약(期約)한다는 D군(君).…… 나는 이 여러 동무들의 갸륵한 심정(心情)을 내 것인 것처럼 이해(理解)할 수 있습니다. 서로 너그러운 마음으로 대(對)할 수 있습니다.

나는 세계관(世界觀), 인생관(人生觀), 이런 좀 더 큰 문제(問題)보다 바람과 구름과 햇빛과 나무와 우정(友情), 이런 것들에 더 많이 괴로워해 왔는지도 모르겠습니다. 단지 이 말이 나의 역설(逆說)이나, 나 자신(自身)을 흐리우는 데 지날 뿐일까요. 일반(一般)은 현대(現代) 학생도덕(學生道德)이 부패(腐敗)했다고 말합니다. 스승을 섬길 줄을 모른다고들 합니다. 옳은 말씀들입니다. 부끄러울 따름입니다. 하나 이 결함을 괴로워하는 우리들 어깨에 지워 광야(曠野)로 내쫓아 버려야 하나요. 우리들의 아픈 데를 알아주는 스승, 우리들의 생채기를 어루만져 주는 따뜻한 세계(世界)가 있다면 박탈(剝脫)된 도덕(道德)일지언정 기울여 스승을 진심(眞心)으로 존경(尊敬)하겠습니다. 온정(溫情)의 거리에서 원수를 만나면 손목을 붙잡고 목 놓아 울겠습니다.

세상(世上)은 해를 거듭, 포성(砲聲)에 떠들썩하건만 극히 조용한 가운데 우리들 동산에서 서로 융합(融合)할 수 있고 이해(理解)할 수 있고 종전(從前)의 □□[7]가 있는 것은 시세(時勢)의 역효과(逆効果)일까요.

봄이 가고, 여름이 가고, 가을, 코스모스가 홀홀히 떨어지는 날 우주(宇宙)의 마지막은 아닙니다. 단풍의 세계(世界)가 있고,—이상이견빙지(履霜而堅氷至)—서리를 밟거든 얼음이 굳어질 것을 각오하라—가 아니라, 우리는 서릿발에 끼친 낙엽(落葉)을 밟으면서 멀리 봄이 올 것을 믿습니다.

노변(爐邊)에서 많은 일이 이루어질 것입니다.

1939년(23세)(추정).

---

7) '원문'에 두 글자가 비어 있음.

종시(終始)

　종점(終点)이 시점(始点)이 된다. 다시 시점(始点)이 종점(終点)이 된다.
　아침, 저녁으로 이 자국을 밟게 되는데 이 자국을 밟게 된 연유(緣由)가 있다. 일찍이 서산대사(西山大師)가 살았을 듯한 우거진 송림(松林) 속, 게다가 덩그러니 살림집은 외따로 한 채뿐이었으나 식구(食口)로는 굉장한 것이어서 한 지붕 밑에서 팔도(八道)사투리를 죄다 들을 만큼 모아놓은 미끈한 장정(壯丁)들만이 욱실욱실 하였다. 이곳에 법령(法令)은 없으나 여인금납구(女人禁納區)였다. 만일(萬一) 강심장(强心臟)의 여인(女人)이 있어 불의(不意)의 침입(侵入)이 있다면 우리들의 호기심(好奇心)을 저윽이 자아내었고, 방(房)마다 새로운 화제(話題)가 생기곤 하였다. 이렇듯 수도생활(修道生活)에 나는 소라 속처럼 안도(安堵)하였던 것이다.
　사건(事件)이란 언제나 큰 데서 동기(動機)가 되는 것보다 오히려 적은 데서 더 많이 발작(發作)하는 것이다.
　눈 온 날이었다. 동숙(同宿)하는 친구의 친구가 한 시간(時間) 남짓한 문(門) 안 들어가는 차 시간(車時間)까지를 낭비(浪費)하기 위(爲)하여 나의 친구를 찾아 들어와서 하는 대화(對話)였다.
「자네 여보게 이 집 귀신이 되려나?」

「조용한 게 공부하기 작히나 좋잖은가」

「그래 책장이나 뒤적뒤적하면 공분줄 아나. 전차(電車)간에서 내다볼 수 있는 광경(光景), 정거장(停車場)에서 맛볼 수 있는 광경(光景), 다시 기차(汽車) 속에서 대(對)할 수 있는 모든 일들이 생활(生活) 아닌 것이 없거든, 생활(生活) 때문에 싸우는 이 분위기(雰圍氣)에 잠겨서, 보고, 생각하고, 분석(分析)하고, 이거야말로 진정(眞正)한 의미(意味)의 교육(敎育)이 아니겠는가. 여보게! 자네 책장만 뒤지고 인생(人生)이 어떠니 사회(社會)가 어떠니 하는 것은 16세기(十六世紀)에서나 찾아볼 일일세. 단연(斷然) 문(門) 안으로 나오도록 마음을 돌리게」

나한테 하는 권고(勸告)는 아니었으나 이 말에 귀틈 뚫려 상푸등[8] 그러리라고 생각하였다. 비단(非但) 여기만이 아니라 인간(人間)을 떠나서 도(道)를 닦는다는 것이 한낱 오락(娛樂)이요, 오락(娛樂)이매 생활(生活)이 될 수 없고, 생활(生活)이 없으매 이 또한 죽은 공부가 아니랴. 하여 공부도 생활화(生活化)하여야 되리라 생각하고 불일 내에 문(門) 안으로 들어가기를 내심(內心)으로 단정(斷定)해 버렸다. 그 뒤 매일(每日)같이 이 자국을 밟게 된 것이다.

나만 일찍이 아침거리의 새로운 감촉(感觸)을 맛볼 줄만 알았더니 벌써 많은 사람들의 발자국에 포도(鋪道)는 어수선할 대로 어수선했고 정류장(停留場)에 머물 때마다 이 많은 무리를 죄다 어디 갖다 터트릴 심산(心算)인지 꾸역꾸역 자꾸 박아 싣는데 늙은이 젊은이 아이 할 것 없이 손에 꾸러미를 안 든 사람은 없다. 이것

---

8) 과연.

이 그들 생활(生活)의 꾸러미요, 동시(同時)에 권태(倦怠)의 꾸러미인지도 모르겠다.

이 꾸러미를 든 사람들의 얼굴을 하나하나씩 뜯어보기로 한다. 늙은이 얼굴이란 너무 오래 세파(世波)에 짜들어서 문제(問題)도 안 되겠거니와 그 젊은이들 낯짝이란 도무지 말쌈이 아니다. 열이면 열이 다 우수(憂愁) 그것이요, 백(百)이면 백(百)이 다 비참(悲慘) 그것이다. 이들에게 웃음이란 가물에 콩싹이다. 필경(必境) 귀여우리라는 아이들의 얼굴을 보는 수밖에 없는데 아이들의 얼굴이란 너무나 창백(蒼白)하다. 혹(惑)시 숙제(宿題)를 못해서 선생(先生)한테 꾸지람 들을 것이 걱정인지 풀이 죽어 쭈그러트린 것이 활기(活氣)란 도무지 찾아볼 수 없다. 내 상도 필연(必然)코 그 꼴일 텐데 내 눈으로 그 꼴을 보지 못하는 것이 다행(多幸)이다. 만일(萬一) 다른 사람의 얼굴을 보듯 그렇게 자주 내 얼굴을 대(對)한다고 할 것 같으면 요사(夭死)하였을는지도 모른다.

나는 내 눈을 의심(疑心)하기로 하고 단념(斷念)하자!

차라리 성벽(城壁) 위에 펼친 하늘을 처다보는 편이 더 통쾌(痛快)하다. 눈은 하늘과 성벽경계선(城壁境界線)을 따라 자꾸 달리는 것인데 이 성벽(城壁)이란 현대(現代)로서 캄플라지한 옛 금성(禁城)이다. 이 안에서 어떤 일이 이루어졌으며 어떤 일이 행(行)하여지고 있는지 성(城) 밖에서 살아왔고 살고 있는 우리들에게는 알 바가 없다. 이제 다만 한 가닥 희망(希望)은 이 성벽(城壁)이 끊어지는 곳이다.

기대(企待)는 언제나 크게 가질 것이 못 되어서 성벽(城壁)이 끊어지는 곳에 총독부(總督府) 도총(道廳) 무슨 참고관(參考舘), 체

신국(遞信局), 신문사(新聞社), 소방조(消防組), 무슨 주식회사(株式會社), 부청(府廳), 양복점(洋服店) 고물상(古物商) 등(等) 나란히 하고 연달아 오다가 아이스케이크 간판(看板)에 눈이 잠깐 머무는데 이놈을 눈 내린 겨울에 빈집을 지키는 꼴이라든가, 제 신분(身分)에 맞잖는 가게를 지키는 꼴을 살짝 필름에 올리어 본달 것 같으면 한 폭(幅)의 고등풍자만화(高等諷刺漫畫)가 될 터인데 하고 나는 눈을 감고 생각하기로 한다. 사실(事實) 요즈음 아이스케이크 간판 신세(看板身歲)를 면(免)치 아니치 못할 자(者)가 얼마나 되랴. 아이스케이크 간판(看板)은 정열(情熱)에 불타는 염서(炎署)가 진정(眞正)코 아수롭다.

눈을 감고 한참 생각하노라면 한 가지 거리끼는 것이 있는데 이것은 도덕률(道德律)이란 거추장스러운 의무감(義務感)이다. 젊은 녀석이 눈을 딱 감고 버티고 앉아 있다고 손가락질하는 것 같아서 번쩍 눈을 떠본다. 하나 가깝게 자선(慈善)할 대상(對象)이 없음에 자리를 잃지 않겠다는 심정(心情)보다 오히려 아니꼽게 본 사람이 없었으리란 데 안심(安心)이 된다.

이것은 과단성(過斷性) 있는 동무의 주장(主張)이지만 전차(電車)에서 만난 사람은 원수요, 기차(汽車)에서 만난 사람은 지기(知己)라는 것이다. 딴은 그러리라고 얼마큼 수긍(首肯)하였댔다. 한자리에서 몸을 비비적거리면서도 「오늘은 좋은 날씨올시다」, 「어디서 내리시나요」쯤의 인사는 주고받을 법한데, 일언반구(一言半句) 없이 뚱한 꼴들이 작으나 큰 원수를 맺고 지내는 사이들 같다. 만일 상냥한 사람이 있어 요만쯤의 예의(禮儀)를 밟는다고 할 것 같으면 기차(電車) 속의 사람들은 이를 정신이상자(精神異狀者)

로 대접할 게다. 그러나 기차(汽車)에서는 그렇지 않다. 명함(名銜)을 서로 바꾸고 고향(故鄕) 이야기, 행방(行方) 이야기를 거리낌 없이 주고받고 심지어 남의 피로(旅勞)를 자기(自己)의 여로(旅勞)인 것처럼 걱정하고, 이 얼마나 다정(多情)한 인생행로(人生行路)냐.

이러는 사이에 남대문(南大門)을 지나쳤다. 누가 있어 「자네 매일(每日)같이 남대문(南大門)을 두 번씩 지날 터인데 그래 늘 보군 하는가」라는 어리석은 듯한 맨탈 테스트를 낸다면은 나는 아연(啞然)해지지 않을 수 없다. 가만히 기억(記憶)을 더듬어 본달 것 같으면 늘이 아니라 이 자국을 밟은 이래(以來) 그 모습을 한번이라도 쳐다본 적이 있었던 것 같지 않다. 하기는 그것이 나의 생활(生活)에 긴(緊)한 일이 아니매 당연(當然)한 일일 게다. 하나 여기에 하나의 교훈(敎訓)이 있다. 회수(回數)가 너무 잦으면 모든 것이 피상적(皮相的)이 되어버리나니라.

이것과는 관련(關聯)이 먼 이야기 같으나 무료(無聊)한 시간(時間)을 까기 위(爲)하여 한 마디 하면서 지나가자.

시골서는 제노라고 하는 양반이었던 모양인데 처음 서울구경을 하고 돌아가서 며칠 동안 배운 서울말씨를 섣불리 써가며 서울거리를 손으로 형용하고 말로서 떠벌려 옮겨놓더란데, 정거장(停車場)에 턱 내리니 앞에 고색(古色)이 창연(蒼然)한 남대문(南大門)이 반기는 듯 가로막혀 있고, 총독부(總督府) 집이 크고, 창경원(昌慶苑)에 백(百)가지 금수(禽獸)가 봄 직했고, 덕수궁(德壽宮)의 옛 궁전(宮殿)이 회포(懷抱)를 자아냈고, 화신 승강기(和信昇降機)는 머리가 힝—했고, 본정(本町)엔 전등(電燈)이 낮처럼 밝은데 사람이 물 밀리듯 밀리고 기차(電車)란 놈이 윙윙 소리를 지르며 지르며 연달아 달리고— 서울이 자기(自己) 하나를 위(爲)하여 이루어진 것처럼 우쭐했는데 이것쯤은 있을 듯한 일이다. 한데 게도 방정꾸러기가 있어,

「남대문(南大門)이란 현판(懸板)이 참 명필(名筆)이지요.」
하고 물으니 대답(對答)이 걸작(傑作)이다.

「암 명필(名筆)이구말구 남자(南字) 대자(大字) 문자(門字) 하나하나 살아서 막 꿈틀거리는 것 같데.」

어느 모로나 서울자랑하려는 이 양반으로서는 가당(可當)한 대답(對答)일 게다. 이분에게 아현(阿峴)고개 막바지기에,—아니 치벽한[9] 데 말고,— 가깝게 종로(鐘路) 뒷골목에 무엇이 있던가를 물었다면 얼마나 당황(當慌)해 했으랴.

나는 종점(終点)을 시점(始点)으로 바꾼다.

내가 내린 곳이 나의 종점(終点)이요, 내가 타는 곳이 나의 시점(始点)이 되는 까닭이다. 이 짧은 순간(瞬間) 많은 사람 사이에 나를 묻는 것인데 나는 이네들에게 너무나 피상적(皮相的)이 된다. 나의 휴머니티를 이네들에게 발휘(發揮)해낸다는 재주가 없다. 이네들의 기쁨과 슬픔과 아픈 데를 나로서는 측량(測量)한다는 수가 없는 까닭이다. 너무 막연(漠然)하다. 사람이란 회수(回數)가 잦은 데와 양(量)이 많은 데는 너무 쉽게 피상적(皮相的)이 되나보다. 그럴수록 자기(自己) 하나 간수(看守)하기에 분망(奔忙)하나 보다.

시그널을 받고 기차(汽車)는 왱— 떠난다. 고향(故鄕)으로 향

---

9) 외진 곳에 치우쳐서 구석진.

(向)한 차(車)도 아니건만 공연(空然)히 가슴은 설렌다. 우리 기차(汽車)는 느릿느릿 가다 숨차면 가정거장(假停車場)에서도 선다. 매일(每日)같이 웬 여자(女子)들이 주룽주룽[10] 서 있다. 저마다 꾸러미를 안았는데 예(例)의 그 꾸러미인 듯싶다. 다들 방년(芳年)된 아가씨들인데 몸매로 보아하니 공장(工場)으로 가는 직공(職工)들은 아닌 모양이다. 얌전이들 서서 기차(汽車)를 기다리는 모양이다. 판단(判斷)을 기다리는 모양이다. 하나 경망(輕妄)스럽게 유리창(琉璃窓)을 통(通)하여 미인판단(美人判斷)을 내려서는 안 된다. 피상법칙(皮相法則)이 여기에도 적용(適用)될지 모른다. 투명(透明)한 듯하나 믿지 못할 것이 유리(琉璃)다. 얼굴을 쪼개 논 듯이 한다든가 이마를 좁다랗게 한다든가 코를 말코로 만든다든가 턱을 조개턱으로 만든다든가 하는 악희(惡戲)를 유리창(琉璃窓)이 때때로 감행(敢行)하는 까닭이다. 판단(判斷)을 내리는 자(者)에게는 별반(別般) 이해관계(利害關係)가 없다손 치더라도 판단(判斷)을 받는 당자(當者)에게 오려던 행운(幸運)이 도망(逃亡)갈는지를 누가 보장(保障)할쏘냐. 여하간(如何間) 아무리 투명(透明)한 꺼풀일지라도 깨끗이 벗겨버리는 것이 마땅할 것이다.

 이윽고 터널이 입을 버리고 기다리는데 거리 한가운데 지하철도(地下鐵道)도 아닌 터널이 있다는 것이 얼마나 슬픈 일이냐, 이 터널이란 인류역사(人類歷史)의 암흑시대(暗黑時代)요 인생행로(人生行路)의 고민상(苦悶相)이다. 공연(空然)히 바퀴소리만 요란하다. 구역날 악질(惡質)의 연기(煙氣)가 스며든다. 하나 미구(未久)

---

[10] '사람이나 짐승이 줄줄이 모여 있는 모습'을 뜻한 북한 방언.

에 우리에게 광명(光明)의 천지(天地)가 있다.

터널을 벗어났을 때 요즈음 복선공사(複線工事)에 분주(奔走)한 노동자(勞働者)들을 볼 수 있다. 아침 첫차(車)에 나갔을 때에도 일하고 저녁 늦차(車)에 들어올 때에도 그네들은 그대로 일하는데 언제 시작(始作)하여 언제 그치는지 나로서는 헤아릴 수 없다. 이네들이야말로 건설(建設)의 사도(使徒)들이다. 땀과 피를 아끼지 않는다.

그 읍중한 도락구를 밀면서도 마음만은 요원(遙遠)한 데 있어 도락구 판장에다 서투른 글씨로 신경행(新京行)이니 북경행(北京行)이니라고 써서 타고 다니는 것이 아니라 밀고 다닌다. 그네들의 마음을 엿볼 수 있다. 그것이 고력(苦力)에 위안(慰安)이 안 된다고 누가 주장(主張)하랴.

이제 나는 곧 종시(終始)를 바꿔야 한다. 하나 내 차(車)에도 신경행(新京行), 북경행(北京行), 남경행(南京行)을 달고 싶다. 세계일주행(世界一週行)이라고 달고 싶다. 아니 그보다 진정(眞正)한 내 고향(故鄕)이 있다면 고향행(故鄕行)을 달겠다. 다음 도착(到着)하여야 할 시대(時代)의 정거장(停車場)이 있다면 더 좋다.

1939년(23세)(추정).

작품제목 찾아보기

가슴 1 · · · · · · · · · 130	내일은 없다 · · · · · · · · 114
가슴 2 · · · · · · · · · 223	눈 · · · · · · · · · · · · 155
가슴 3 · · · · · · · · · 139	눈 감고 간다 · · · · · · · · 82
가을밤 · · · · · · · · · · 146	눈오는 지도 · · · · · · · · · 26
간(肝) · · · · · · · · · · 202	달같이 · · · · · · · · · · 192
간판 없는 거리 · · · · · · 44	달밤 · · · · · · · · · · · 167
개 1 · · · · · · · · · · · 150	달을 쏘다 · · · · · · · · · 234
개 2 · · · · · · · · · · · 227	닭 1 · · · · · · · · · · · 132
거리에서 · · · · · · · · · 115	닭 2 · · · · · · · · · · · 156
거짓부리 · · · · · · · · · 160	돌아와 보는 밤 · · · · · · · 30
겨울 · · · · · · · · · · · 157	둘 다 · · · · · · · · · · · 161
고추밭 · · · · · · · · · · 187	또 다른 고향 · · · · · · · · 86
고향 집 · · · · · · · · · · 120	또 태초의 아침 · · · · · · · 56
곡간(谷間) · · · · · · · · 140	만돌이 · · · · · · · · · · 164
공상 · · · · · · · · · · · 116	머리말 · · · · · · · · · · · 14
굴뚝 · · · · · · · · · · · 147	명상 · · · · · · · · · · · 174
귀뚜라미와 나와 · · · · · 191	모란봉에서 · · · · · · · · 128
그 여자 · · · · · · · · · · 171	못 자는 밤 · · · · · · · · · 199
기왓장 내외 · · · · · · · 124	무서운 시간 · · · · · · · · · 64
길 · · · · · · · · · · · · · 92	무얼 먹고 사나 · · · · · · 148
꿈은 깨어지고 · · · · · · 117	바다 · · · · · · · · · · · 176
나무 · · · · · · · · · · · 166	바람이 불어 · · · · · · · · 74
남쪽 하늘 · · · · · · · · · 118	반딧불 · · · · · · · · · · 162

밤 · · · · · · · · · · · · · · · 163	새로운 길 · · · · · · · · · 40
버선본 · · · · · · · · · · · · 152	새벽이 올 때까지 · · · · · · 60
별 헤는 밤 · · · · · · · · · · 98	서시 → 머리말 · · · · · · · 14
별똥 떨어진 데 · · · · · · · 237	소낙비 · · · · · · · · · · · 172
병아리 · · · · · · · · · · · · 121	소년 · · · · · · · · · · · · · 22
병원 · · · · · · · · · · · · · 34	쉽게 씌어진 시 · · · · · · · 214
봄 1 · · · · · · · · · · · · · 149	슬픈 족속 · · · · · · · · · · 78
봄 2 · · · · · · · · · · · · · 218	식권 · · · · · · · · · · · · · 127
비 뒤 · · · · · · · · · · · · · 231	십자가 · · · · · · · · · · · · 68
비둘기 · · · · · · · · · · · · 125	아우의 인상화(印象畵) · · · 185
비로봉 · · · · · · · · · · · · 175	아침 · · · · · · · · · · · · · 225
비애 · · · · · · · · · · · · · 173	애기의 새벽 · · · · · · · · · 190
비오는 밤 · · · · · · · · · · 182	야행 · · · · · · · · · · · · · 230
비행기 · · · · · · · · · · · · 145	양지쪽 · · · · · · · · · · · · 136
빗자루 · · · · · · · · · · · · 143	어머니 · · · · · · · · · · · · 232
빨래 · · · · · · · · · · · · · 142	오줌싸개 지도 · · · · · · · · 122
사과 · · · · · · · · · · · · · 154	오후의 구장(球場) · · · · · 134
사랑스런 추억 · · · · · · · · 212	울적 · · · · · · · · · · · · · 229
사랑의 전당 · · · · · · · · · 183	위로 · · · · · · · · · · · · · 198
산골 물 · · · · · · · · · · · 196	유언 · · · · · · · · · · · · · 180
산림 · · · · · · · · · · · · · 137	이런 날 · · · · · · · · · · · 135
산상(山上) · · · · · · · · · 133	이별 · · · · · · · · · · · · · 126
산울림 · · · · · · · · · · · · 181	이불 · · · · · · · · · · · · · 153
산협의 오후 · · · · · · · · · 178	이적 · · · · · · · · · · · · · 184
삶과 죽음 · · · · · · · · · · 113	자화상 · · · · · · · · · · · · 16

장 · · · · · · · · · · · · · 228	팔복 · · · · · · · · · · · · 197
장미 병들어 · · · · · · · · 193	편지 · · · · · · · · · · · · · 151
조개껍질 · · · · · · · · · · 119	풍경 · · · · · · · · · · · · · 168
종달새 · · · · · · · · · · · 131	한란계 · · · · · · · · · · · 169
종시(終始) · · · · · · · · · 245	할아버지 · · · · · · · · · · 226
참새 · · · · · · · · · · · · · 224	해바라기 얼굴 · · · · · · · 189
참회록 · · · · · · · · · · · 204	해비 · · · · · · · · · · · · · 144
창 · · · · · · · · · · · · · · 179	햇빛·바람 · · · · · · · · · 188
창공 · · · · · · · · · · · · · 222	호주머니 · · · · · · · · · · 158
창구멍 · · · · · · · · · · · 123	화원(花園)에 꽃이 핀다 · · · · 241
초 한 대 · · · · · · · · · · 112	황혼 · · · · · · · · · · · · · 129
코스모스 · · · · · · · · · · 186	황혼이 바다가 되어 · · · · · 159
태초의 아침 · · · · · · · · · 52	흐르는 거리 · · · · · · · · · 210
투르게네프의 언덕 · · · · · 194	흰 그림자 · · · · · · · · · · 206

엮은이 **이복규**

국제대학(현 서경대학교) 국어국문학과 졸업
경희대학교 대학원 국어국문학과 석사 · 박사 과정 수료(문학박사)
한국학대학원 어문학과 박사과정 1년 수학
국사편찬위원회 초서연수과정 수료
밥존스신학교 학부 · 연구원 재학중
서경대학교 문화콘텐츠학부 국어국문학전공 교수

〈저서와 논문〉
『설공찬전연구』,『국어국문학의 경계 넘나들기』, 시집『내 탓』,『윤동주육필원고사진판 하늘과바람과별과詩』등 단독저서 30여 종.
「윤동주의 이른바 '서시'의 제목 문제」를 비롯하여 학술논문 120여 편.
이복규교수의 교회용어 · 설교예화카페(http://cafe.naver.com/bokforyou) 운영중.
이메일주소 bky5587@empas.com

육필원고·원본대조
윤동주 시 전집

초 판 인 쇄 | 2016년 7월 10일
초 판 발 행 | 2016년 7월 10일
초판 2쇄 발행 | 2016년 8월 05일

지 은 이　윤동주
엮 은 이　이복규
책 임 편 집　윤수경
발 행 처　도서출판 지식과교양
등 록 번 호　제2010-19호
주　　　소　서울시 도봉구 쌍문1동 423-43 백상 102호
전　　　화　(02) 900-4520 (대표) / 편집부 (02) 996-0041
팩　　　스　(02) 996-0043
전 자 우 편　kncbook@hanmail.net

ⓒ 이복규 2016 All rights reserved. Printed in KOREA

ISBN 978-89-6764-061-3 03810　　　　정가 20,000원

저자와 협의하여 인지는 생략합니다. 잘못된 책은 바꾸어 드립니다.
이 책의 무단 전재나 복제 행위는 저작권법 제98조에 따라 처벌받게 됩니다.